El mejor li_____ de recetas de tortillas

Técnicas perfectas y 100 recetas irresistibles para cada comida

Cesar Leon

Tabla de contenido

4

INTRODUCCIÓN

¿Quién hubiera pensado que algo tan simple como una tortilla podía abrir la puerta a una creatividad culinaria sin límites? Tanto si eres un principiante en la cocina como un chef experimentado, las tortillas son el lienzo perfecto para explorar sabores, texturas e ingredientes. Esta guía está diseñada para llevarte desde los conceptos básicos de cómo romper un huevo hasta la maestría de crear tortillas con calidad de restaurante en tu propia cocina. Desde las clásicas tortillas al estilo francés hasta las abundantes creaciones rellenas, encontrarás recetas que se adaptan a todos los gustos y ocasiones. Descubre consejos para lograr la vuelta perfecta, trucos para lograr texturas ligeras y esponjosas e ideas para infinitas combinaciones de relleno que elevarán este humilde plato a nuevas alturas. Desayuno, almuerzo, cena o incluso un refrigerio de medianoche: siempre hay una tortilla esperando a ser preparada.
¡Manos a la obra y preparemos juntos algunas creaciones con huevos excelentes!

RECETAS DE TORTILLAS

1. Tortilla de pimentón con hierbas

- Preparación: 10 min.
- cocinar en 20 min
- porciones 2

ingredientes

- 4 huevos
- sal
- pimienta

- 2 puñados de hierbas mixtas (p. Ej., Albahaca, perejil, tomillo, eneldo)
- 100 g de garbanzos (vaso; peso escurrido)
- 1 pimiento rojo o pimiento verde
- 1 pimiento amarillo
- 2 cucharadas de aceite de oliva
- 75 g de pecorino u otro queso duro

Pasos de preparación

1. Batir los huevos, sazonar con sal y pimienta y batir bien. Lavar las hierbas, agitar y secar y picar por la mitad. Agrega las hierbas picadas a la mezcla de huevo.

2. Escurrir los garbanzos, enjuagar y escurrir bien. Limpiar, lavar, cortar por la mitad y cortar los pimientos en tiritas. Calentar 1 cucharada de aceite de oliva en una sartén, añadir los garbanzos y las tiras de pimentón y freír a fuego medio durante 3-5 minutos, dando vuelta. Sal y pimienta y reserva. Rallar finamente el pecorino.

3. Caliente $\frac{1}{2}$ cucharada de aceite de oliva en otra sartén pequeña. Agregue la mitad de la mezcla de huevo y cubra todo el fondo de la sartén. Tape y deje reposar a fuego lento

durante unos 5-7 minutos. Coloque la mitad de las verduras y la mitad del queso en un lado de la tortilla. Doblar en la tortilla y colocar en un plato. Haz lo mismo con la segunda tortilla.

4. Arranque las hierbas restantes y distribuya sobre las tortillas. Servir inmediatamente.

2. Frittata de puerros

- Preparación: 15 minutos.
- cocinar en 25 min
- porciones 4

ingrediente

- $\frac{1}{2}$ traste cebolletas
- 1 puñado de hierbas frescas (p. Ej., Eneldo, perejil, cilantro)
- 2 cucharadas de aceite de oliva
- 8 huevos
- 50 ml de nata montada
- 20 g de parmesano (1 pieza)
- sal

- pimienta
- 50 g de rúcula

Pasos de preparación

1. Limpiar y lavar las cebolletas y cortarlas en tiras diagonales. Lavar las hierbas, agitar para secar, arrancar y picar en trozos grandes.

2. Caliente el aceite en una sartén antiadherente grande (o dos sartenes pequeñas) y saltee las cebolletas en 3-4 minutos hasta que estén transparentes. Rallar finamente el parmesano. Batir los huevos con la nata, las hierbas y el parmesano. Condimentar con sal y pimienta. Vierta sobre las cebolletas, mezcle brevemente y deje reposar a fuego lento durante aprox. 10 minutos (no revuelva más). Cuando la parte inferior esté dorada, córtela en 4 trozos con una espátula. Hornee por el segundo lado durante 2-3 minutos hasta que estén doradas.

3. Lavar la rúcula y secar con agitación. Sirve la frittata cubierta con rúcula y espolvoreada con parmesano si quieres.

3. Tortilla con champiñones y queso cheddar

- Preparación: 25 min
- porciones 4

ingredientes

- 300 g de champiñones marrones
- 1 chalota
- 2 cucharadas de aceite de oliva
- sal
- pimienta
- 8 huevos
- 100 ml de leche (3,5% de grasa)
- 1 pizca de cúrcuma en polvo
- 90 queso cheddar (3 rebanadas)

- 10 g de perifollo (0,5 manojo)

Pasos de preparación

1. Limpiar los champiñones y cortarlos en rodajas. Pelar y cortar en dados pequeños las chalotas. Calentar 1 cucharada de aceite de oliva en una sartén. Agregue los champiñones y las chalotas y saltee durante 3 a 4 minutos a fuego medio. Condimentar con sal y pimienta, retirar de la sartén y reservar.

2. Batir los huevos con la leche. Sazone con 1 pizca de cúrcuma, sal y pimienta. Cepille una sartén rebozada con un poco de aceite, agregue 1/4 de la mezcla de huevo y revuelva para distribuirla uniformemente. Cubra con 1/4 de los champiñones fritos. Cocine la tortilla a fuego medio durante 2-3 minutos y déjela dorar ligeramente.

3. Arranca 1/4 del queso cheddar en trozos, cubre la tortilla con él, desliza fuera de la sartén y mantén caliente en el horno precalentado a 80 ° C.Con el resto de la mezcla de huevo, los champiñones restantes y el queso cheddar, hornea 3 más tortillas de la misma manera y manténgalas calientes.

4. Lavar el perifollo, agitar para secar y arrancar las hojas. Decora las tortillas con puntas de perifollo y pimienta y sírvelas.

4. Tortilla de queso con hierbas

- Preparación: 5 min
- cocinar en 20 min
- porciones 4

ingredientes

- Perifollo de 3 tallos
- 3 tallos de albahaca
- 20 g de parmesano
- 1 chalota
- 8 huevos
- 2 cucharadas de queso crema fresca
- 1 cucharada de mantequilla

- 150 g de queso de oveja
- sal
- pimienta

Pasos de preparación

1. Lavar el perifollo y la albahaca, agitar para secar y picar en trozos grandes. Ralla el parmesano. Pelar y picar finamente la chalota. Batir los huevos con la crema fresca, el parmesano, el perifollo y la mitad de la albahaca.

2. Derretir la mantequilla en una sartén para horno, freír la chalota, verter los huevos y desmenuzar el queso feta encima. Hornee en un horno precalentado a 200 ° durante unos 10 minutos hasta que se doren.

3. Sacar del horno, sazonar con sal, pimienta y servir espolvoreado con la albahaca restante.

5. Tortilla de tomate y tocino con queso feta

- Preparación: 15 minutos.
- porciones 2

ingredientes

- 8 tomates cherry
- 1 ají rojo
- 50 g de tocino para el desayuno, en rodajas finas
- 5 huevos
- 100 ml de leche sin lactosa 1,5% de grasa

- sal
- pimienta
- 100 g de queso de pastor
- 2 cucharaditas de mantequilla
- 1 puñado de albahaca

Pasos de preparación

1. Lava y corta los tomates por la mitad. Lavar la guindilla, cortar por la mitad, descorazonar y cortar en tiras muy estrechas. Cortar el tocino en tiras de unos 4 cm de ancho. Batir los huevos con la leche, sazonar con sal y pimienta. Seque el queso de pastor y córtelo en cubos.

2. Freír la mitad del tocino en una sartén antiadherente, luego agregar 1 cucharadita de mantequilla y derretir. Vierta la mitad de la mezcla de huevo encima y, mientras aún esté suave, agregue la mitad de los tomates y las tiras de guindilla. Espolvorear con la mitad de la cantidad de queso y albahaca y dejar que el huevo cuaje.

3. Deslice la tortilla en un plato y sirva.

4. Procese los ingredientes restantes en una segunda tortilla.

6. Tortilla de mijo con nectarinas

- Preparación: 20 min
- cocinar en 40 min
- porciones 2

ingredientes

- 40 g de mijo
- 2 huevos (m)
- 10 g de azúcar de caña integral (2 cucharaditas)
- 1 pizca de sal
- 150 g de yogur de vainilla (3,5% de grasa)
- 2 cucharadas de pulpa de durazno

- 250 g de nectarina (2 nectarinas)
- 2 cucharaditas de aceite de girasol

Pasos de preparación

1. Llevar a ebullición 75 ml de agua, espolvorear el mijo y remover. Reduzca el fuego inmediatamente y cocine el mijo tapado a fuego mínimo durante 7 minutos, revolviendo bien varias veces. Retire la cacerola del fuego y cubra los granos durante otros 12 minutos. Deje enfriar.

2. Colocar los huevos, el azúcar y una pizca de sal en un bol y batir con un batidor de varillas. Agregue el mijo enfriado.

3. Coloque el yogur de vainilla y la pulpa de durazno en un bol y revuelva hasta que quede suave.

4. Lavar las nectarinas, secarlas, cortarlas por la mitad y quitarles el hueso. Corta la pulpa en gajos finos.

5. Calentar el aceite en una sartén rebozada. Vierta la masa de mijo y hornee durante unos 4 minutos a fuego medio. Voltee la tortilla y hornee el otro lado durante 4-5 minutos hasta que se dore.

6. Acomodar la tortilla de mijo con yogur de durazno y gajos de nectarina y servir.

7. Tortillas con pasta y verduras mixtas

- Preparación: 30 minutos
- cocinar en 1 hora
- porciones 4

ingredientes

- 150 g de guisantes congelados
- 1 pimentón rojo
- 150 g de maíz (peso escurrido; comida enlatada)
- 350 g de penne integral
- sal

- 1 chalota
- 1 diente de ajo
- aceite de oliva
- 20 g de parmesano (1 pieza)
- 5 g de perejil (0,25 manojo)
- 100 ml de leche (3,5% de grasa)
- 50 ml de nata montada

Pasos de preparación

1. Descongela los guisantes. Lave los pimientos, córtelos por la mitad, retire las semillas y las paredes interiores blancas y córtelos en tiras estrechas y pequeñas. Vierta el maíz en un colador, enjuague con agua fría y escurra bien.

2. Cuece la pasta en agua hirviendo con sal según las instrucciones del paquete, escúrrela, enjuaga con agua fría y escurre bien.

3. Pelar y picar finamente la chalota y el ajo. Caliente 2 cucharadas de aceite en una sartén para horno alta y saltee la chalota y el ajo a fuego medio hasta que estén transparentes. Agregue las verduras, saltee brevemente y mezcle con la pasta. Rallar

finamente el parmesano. Lavar el perejil, agitar para secar y picar en trozos grandes. Batir los huevos con la leche, la nata y el queso, sazonar con sal y pimienta, incorporar el perejil y verter sobre la mezcla de pasta. Deje reposar brevemente y hornee en un horno precalentado a 200 ° C durante 10 a 15 minutos hasta el final. Retirar, dar vuelta y servir cortado en trozos.

8. Tortilla de espinacas y queso con salmón

- Preparación: 20 min
- cocinar en 45 min
- porciones 2

ingredientes

- 1 cebolla pequeña
- 200 g de filete de salmón
- 200 g de mozzarella
- 200 g de espinacas
- 5 huevos
- 2 cucharadas de leche
- 1 cucharadita de mantequilla
- sal

- pimienta

Pasos de preparación

1. Pelar las cebollas y cortarlas en trozos finos. Lavar el salmón, secarlo y picarlo o cortarlo en dados. Corta la mozzarella en rodajas. Lava las espinacas y agita para secar.
2. Batir los huevos y la leche en un bol. Calentar la mantequilla en una sartén refractaria y sofreír la cebolla a fuego medio durante 2 minutos. Vierta los huevos, sazone con sal y pimienta y cubra con espinacas, salmón y mozzarella.
3. Hornee todo en un horno precalentado a 180 ° C durante unos 20-25 minutos, hasta que el huevo esté bien cocido y la mezcla esté firme.

9. Tortilla rellena

- Preparación: 20 min
- cocinar en 35 min
- porciones 4

ingredientes

- 40 g de rúcula (1 puñado)
- 300 g de tomates cherry
- 10 g de cebollino (0,5 manojo)
- 8 huevos
- 4 cucharadas de agua mineral carbonatada
- sal
- pimienta

- nuez moscada
- 4 cucharaditas de aceite de girasol
- 150 g de queso crema en grano

Pasos de preparación

1. Lava el cohete y sécalo con un centrifugado. Lave los tomates y córtelos por la mitad. Lavar las cebolletas, agitar y secar y cortar en rollos.
2. Batir los huevos con agua y cebollino y sazonar con sal, pimienta y nuez moscada recién rallada.
3. Caliente 1 cucharadita de aceite de girasol en una sartén antiadherente y agregue 1/4 de la leche de huevo. Freír durante 2 minutos a fuego medio, voltear y terminar de cocinar en otros 2 minutos. Retirar y mantener caliente en el horno precalentado a 80 ° C. Hornear 3 tortillas más de esta forma.
4. Coloque las tortillas en 4 platos y rellénelas con queso crema, tomates y rúcula. Sazone con sal y pimienta y agregue.

10. Tortillas con calabacín

- Preparación: 25 min
- porciones 4

ingredientes

- 10 huevos
- 50 ml de bebida de avena (leche de avena)
- 2 cucharadas de albahaca recién cortada
- sal
- pimienta
- 2 calabacines
- 250 g de tomates cherry

- 2 cucharadas de aceite de oliva

Pasos de preparación

1. Batir los huevos con la bebida de avena y albahaca. Condimentar con sal y pimienta.
2. Lavar, limpiar y cortar el calabacín en trozos. Lava y corta los tomates por la mitad. Mezcle las verduras sin apretar, sazone con sal, pimienta y saltee 1/4 de minuto cada una en un poco de aceite caliente. Vierta 1/4 de los huevos sobre cada uno, mezcle y fría durante 4-5 minutos hasta que estén dorados y deje reposar. Hornee las 4 tortillas de esta manera y sirva.

11. Tortilla de salmón y pepino

- Preparación: 10 min.
- cocinar en 22 min
- porciones 4

ingredientes

- 120 g de rodajas de salmón ahumado
- ½ pepino
- 3 tallos de perejil
- 10 huevos
- 50 ml de nata montada
- sal

- pimienta
- 4 cucharaditas de aceite de colza

Pasos de preparación

1. Corta el salmón en tiras. Lavar, limpiar y cortar el pepino en rodajas. Lavar el perejil, agitar para secar y picar finamente.
2. Batir los huevos con la crema y 2 cucharadas de perejil. Condimentar con sal y pimienta.
3. Vierta 1 cucharadita de aceite en una sartén cubierta caliente. Vierta 1/4 del huevo y déjelo reposar lentamente durante 2-3 minutos a fuego medio. Doblar y colocar en un plato con unas rodajas de pepino.
4. Hornea las cuatro tortillas de esta forma, cúbrelas con el salmón y sírvelas espolvoreadas con el perejil restante.

12. Tortilla de champiñones con tomate

- Preparación: 20 min
- porciones 4

ingredientes

- 1 cebolla tierna
- 100 g de champiñones
- 1 tomate pequeño
- 1 cucharada de aceite de colza
- sal
- pimienta
- 1 huevo (tamaño l)
- 1 cucharada de agua mineral carbonatada

- 45 g de tostada integral (1,5 rebanada)

Pasos de preparación

1. Lavar y limpiar las cebolletas y cortarlas en aros finos. Limpiar las setas, limpiar con un cepillo y cortar en rodajas.
2. Lavar el tomate, quitarle el tallo y cortarlo en rodajas.
3. Calentar el aceite en una sartén rebozada. Freír las cebolletas y los champiñones a fuego medio. Sal y pimienta y continúa friendo durante 3-4 minutos, dando vueltas frecuentemente a fuego medio.
4. Poner el huevo con una pizca de sal y agua mineral en un bol pequeño y batir con un batidor.
5. Vierta el huevo batido sobre las verduras en la sartén y déjelo reposar durante 3-4 minutos.
6. Mientras tanto, tueste el pan y cubra con rodajas de tomate. Deslice la tortilla de la sartén sobre el pan y sirva.

13. Frittata de jamón y rúcula

- Preparación: 20 min
- cocinar en 35 min
- porciones 4

ingredientes

- 90 g de jamón crudo (6 lonchas)
- 80 g de rúcula (1 manojo)
- 20 g de parmesano (1 pieza)
- 10 huevos
- 200 ml de leche (1,5% de grasa)
- sal
- pimienta
- 50 g de crema agria

- 5 g de mantequilla (1 cucharadita)

Pasos de preparación

1. Corta las lonchas de jamón en cuartos. Lava el cohete y sécalo con un centrifugado. Rallar el parmesano y reservar 1 cucharadita.
2. Batir los huevos con la leche y sazonar con sal y pimienta. Agregue la crema agria y el parmesano.
3. Calentar la mantequilla en una sartén grande refractaria. Agrega 1/3 de la mezcla de huevo y cubre con la mitad del jamón y la rúcula. Pon otro 1/3 de la mezcla de huevo encima, cubre con el jamón restante y la rúcula y termina con la mezcla de huevo restante.
4. Deje reposar la frittata en un horno precalentado a 200 ° C durante unos 12-15 minutos.
5. Corta la frittata en trozos, divídela en 4 platos y espolvorea con el resto del parmesano que reservaste.

14. Quiche de calabacín y queso de cabra

- Preparación: 30 min.
- cocinar en 50 min
- porciones 4

ingredientes

- 2 calabacines
- 8 huevos
- 150 ml de nata montada con al menos un 30% de contenido de grasa
- sal

- pimienta del molino
- nuez moscada
- 2 cucharadas de aceite de oliva
- 1 diente de ajo
- Rollo de 150 g de queso de cabra

Pasos de preparación

1. Precaliente el horno a 200 ° C de temperatura superior e inferior. Lavar y limpiar el calabacín y cortar en rodajas finas. Batir los huevos con la nata y sazonar con sal, pimienta y nuez moscada.

2. Calentar el aceite en una sartén y sofreír las rodajas de calabacín, volteándolas de vez en cuando. Pelar y exprimir los ajos. Vierta la crema de huevo, distribúyala uniformemente y déjela reposar brevemente.

3. Cortar el queso de cabra por la mitad a lo largo y cortar en rodajas finas. Extienda esto sobre la frittata y hornee en el horno precalentado durante unos 10 minutos hasta que se doren. Sirve cortado en trozos.

15. Tortilla de papa y pimiento

- Preparación: 30 min.
- cocinar en 45 min
- porciones 4

ingredientes

- 700 g de patatas harinosas
- sal
- 1 pimiento rojo
- 2 tomates
- 1 cebolla
- 1 diente de ajo

- 2 cucharadas de aceite de oliva
- pimienta
- 8 huevos
- 4 cucharadas de leche (1,5% de grasa)
- 2 ramas de tomillo
- 20 g de parmesano (1 pieza)

Pasos de preparación

1. Lave las patatas y cocine en agua hirviendo con sal durante unos 20 minutos.
2. Mientras tanto, lave y limpie los pimientos y córtelos en tiras. Lavar los tomates y cortarlos en gajos. Pelar la cebolla y el ajo y picarlos finamente.
3. Escurrir las patatas, dejar que se evaporen, pelarlas y cortarlas en trozos pequeños.
4. Calentar el aceite de oliva en una sartén refractaria. Freír los cubos de papa a fuego medio durante unos 5 minutos, revolviendo ocasionalmente. Agrega el pimentón, la cebolla y el ajo, sazona con sal y pimienta y sofríe por 2 minutos más. Agregue con cuidado las rodajas de tomate.
5. Batir los huevos y la leche, sazonar con sal, pimienta y verter en la sartén. Extienda la

leche de huevo de manera uniforme girando e inclinando ligeramente la sartén y deje que se endurezca durante 2 minutos. Hornee en horno precalentado a 180 ° C durante unos 15 minutos.

6. Mientras tanto, lava el tomillo, agita y seca las hojas. Corta el parmesano en rodajas. Espolvorea ambos sobre la tortilla.

16. Tortilla Caprese

- Tiempo total: 5 minutos
- Porciones 2

Ingredientes

- 2 cucharadas de aceite de oliva
- Seis huevos
- 100 g de tomates cherry, cortados en mitades o tomates cortados en rodajas
- 1 cucharada de albahaca fresca o albahaca seca

- 150 g (325 ml) de queso mozzarella fresco
- sal y pimienta

Preparativos

1. Para mezclar, rompa los huevos en un bol y agregue sal al gusto y pimienta negra. Con un tenedor batir bien hasta que todo esté completamente mezclado.
2. Agregue la albahaca, luego revuelva. Cortar los tomates en mitades o rodajas. Picar el queso o cortarlo en rodajas. En una sartén grande, caliente el aceite.
3. Durante un par de minutos, sofreír los tomates. Vierta sobre los tomates con la mezcla de huevo. Espera y agrega el queso hasta que esté un poco firme. Baja el fuego y deja que endurezca la tortilla. ¡Sirve inmediatamente y disfruta!

17. Tortilla de queso cetogénico

- Tiempo total: 15 minutos,
- Porciones 2

Ingredientes

- 75 g de mantequilla
- Seis huevos
- 200 g de queso cheddar rallado
- Sal y pimienta negra molida al gusto

Preparativos

1. Batir los huevos hasta que estén suaves y ligeramente espumosos. Agregue la mitad del

queso cheddar rallado y mezcle. Sal y pimienta para probar.

2. Derrita la mantequilla en una sartén caliente. Vierta la mezcla de huevo y deje reposar unos minutos. Baja el fuego y sigue cocinando hasta que la mezcla de huevo esté casi lista.

3. Agrega el queso rallado restante. Doblar y servir inmediatamente. Condimente su creación con hierbas, verduras picadas o incluso salsa mexicana.

4. Y no dudes en cocinar la tortilla con aceite de oliva o aceite de coco para tener un perfil de sabor diferente.

18. Tortilla de desayuno

- Tiempo total: 10,
- Porciones: 2

Ingredientes:

- 2 huevos
- 3 claras de huevo
- 1 cucharada de agua
- 1/2 cucharadita de aceite de oliva
- 1/4 cucharadita de sal
- $\frac{1}{4}$ de cucharadita de pimienta molida

Preparación:

1. Batir los huevos, las claras, la sal, la pimienta y el agua en un bol hasta que estén espumosos.

2. Caliente la mitad del aceite en una sartén a fuego medio. Vierta la mitad de la mezcla de huevo.

3. Cocine por un par de minutos, mientras levanta los bordes con una espátula de vez en cuando. Doblar por la mitad.

4. Baja el fuego y continúa cocinando por un minuto. Repite el proceso con el resto de la mezcla de huevo.

19. Tortilla de queso con hierbas

- tiempo total 20 minutos,
- porciones 4

ingredientes

- Perifollo de 3 tallos
- 3 tallos de albahaca
- 20 g de parmesano
- 1 chalota
- 8 huevos
- 2 cucharadas de queso crema fresca
- 1 cucharada de mantequilla
- 150 g de queso de oveja

- sal
- pimienta

Pasos de preparación

1. Lavar el perifollo y la albahaca, agitar para secar y picar en trozos grandes. Ralla el parmesano. Pelar y picar finamente la chalota.

2. Batir los huevos con la crema fresca, el parmesano, el perifollo y la mitad de la albahaca. Derretir la mantequilla en una sartén para horno, freír la chalota, verter los huevos y desmenuzar el queso feta encima.

3. Hornee en un horno precalentado a 200 ° C durante unos 10 minutos hasta que se doren. Retirar del horno, sazonar con sal, pimienta y servir espolvoreado con la albahaca restante.

20. Tortilla de queso

- Tiempo total 30 minutos,
- porción 4

ingredientes

- 10 huevos
- 50 ml de nata montada
- 100 g de Emmentaler rallado
- sal
- pimienta blanca
- 250 g de gorgonzola
- 4 cucharadas de aceite vegetal

Pasos de preparación

1. Batir los huevos con la nata y el Emmentaler. Sazonar con un poco de sal y pimienta.

2. Cortar el Gorgonzola en dados y reservar. Caliente 1 cucharada de aceite en una sartén y agregue aproximadamente 1/4 de la mezcla de huevo.

3. Deje reposar a temperatura baja durante 2 minutos, luego ponga 1/4 de Gorgonzola en el medio y doble la tortilla a derecha e izquierda.

4. Freír durante otros 2 minutos, hasta que el Gorgonzola esté líquido y la tortilla esté dorada. Hornea las 4 tortillas así y sírvelas.

21. Frittata con jamón y queso feta

- Preparación: 20 min
- cocinar en 34 min
- porciones 4

ingredientes

- 8 huevos
- 600 gramos
- papas hervidas
- 1 puerro varilla
- 100 g de jamón cocido
- 1 pimiento rojo
- 75 g de pecorino rallado

- sal
- pimienta del molino
- 2 cucharadas de aceite de oliva

Pasos de preparación

1. Precalienta el horno a horno ventilador a 180 ° C.
2. Batir los huevos. Pelar las patatas y cortarlas en cubos pequeños. Lavar y limpiar el puerro y cortarlo en aros finos. Cortar el jamón en finas tiras. Lavar, cortar por la mitad, descorazonar y picar los pimientos. Mezclar los huevos con el pecorino, las patatas, el puerro, el pimiento morrón y el jamón. Condimentar con sal y pimienta. Calentar el aceite en una sartén refractaria, añadir la mezcla de huevo, freír durante 1-2 minutos y hornear en el horno unos 12 minutos hasta que se doren.

22. Tortilla con espinacas

- Preparación: 25 min
- cocinar en 40 min
- porciones 4

ingredientes

- 350 g de hojas de espinaca
- sal
- 1 pimiento rojo
- 1 cebolla vegetal
- 2 dientes de ajo
- 50 g de almendras
- 5 huevos
- 100 ml de agua mineral

- pimienta
- nuez moscada
- 15 g de ghee (mantequilla clarificada; 1 cucharada)

Pasos de preparación

1. Lavar las espinacas, centrifugarlas y escaldarlas en agua hirviendo con sal durante 1 minuto. Verter, enfriar en frío, exprimir bien.
2. Lavar, limpiar y cortar el pimiento morrón.
3. Pelar la cebolla y el ajo y picarlos finamente. Pica las almendras en trozos grandes.
4. Batir los huevos con agua mineral, sazonar con sal, pimienta y nuez moscada recién rallada.
5. Derrita el ghee en una sartén alta para horno. Sofría la cebolla y el ajo a fuego medio durante 1 a 2 minutos hasta que estén transparentes. Agrega el pimentón y las espinacas y vierte la mezcla de huevo por encima. Agrega las almendras y déjalas reposar 2 minutos.

6. Hornee la tortilla en un horno precalentado a 200 ° C durante 10 a 15 minutos hasta que se dore.
7. Retirar y servir cortado en trozos.

23. Tortilla con cebollas y aceitunas

- Preparación: 20 min
- porciones 4

ingredientes

- 5 huevos grandes
- 5 cucharadas de leche

- sal
- pimienta recién molida
- 2 cucharadas de parmesano rallado
- 2 cucharadas de albahaca picada
- 4 cucharadas de aceitunas sin hueso finamente picadas
- 1 cebolla morada
- 2 cucharadas de aceite de oliva

Pasos de preparación

1. Mezcle los huevos con la leche, la sal, la pimienta, el parmesano y la albahaca. Pelar la cebolla y cortarla en tiras finas.

2. Caliente suavemente el aceite de oliva en una sartén grande. Sofreír las cebollas y las aceitunas. Sal y pimienta. Vierta los huevos y distribúyalos uniformemente en la sartén. Déjelo reposar a fuego suave. Dar la vuelta a la tortilla y dejar reposar el otro lado. Servir enrollado y tibio.

24. tortilla de patata española

- Preparación: 45 min
- porciones 6

ingredientes

- 800 g de patatas principalmente cerosas
- 2 cebolletas
- 1 diente de ajo
- 3 cucharadas de guisantes (congelados)
- 8 huevos
- sal
- pimienta de cayena

- aceite vegetal para freír

Pasos de preparación

1. Pelar las patatas y cortarlas en rodajas de 3 mm de grosor. Limpiar y lavar las cebolletas y cortar en aros oblicuos con el verde delicado. Pelar el ajo y cortarlo en tiras finas.

2. En una sartén para horno de borde alto, calentar el aceite a una altura de 2-3 cm. Hace suficiente calor cuando las burbujas salen del mango de una cuchara de madera que usted sostiene.

3. Frote las patatas con un paño de cocina y colóquelas en el aceite caliente. Freír a fuego medio durante 7-8 minutos, volteando de vez en cuando.

4. Mientras tanto, bata los huevos ligeramente en un tazón grande, pero no los bata hasta que estén espumosos, y sazone con una pizca fuerte de sal y pimienta de cayena cada uno.

5. Agrega las cebolletas y, si quieres, el ajo a las patatas y sofríe durante 2 minutos. Escurrir las patatas por un colador, recoger

el aceite (se puede reutilizar), escurrir bien y sazonar con sal.

6. Caliente 2 cucharadas del aceite recolectado en la sartén. Mezclar las patatas y los guisantes con los huevos batidos, verter la mezcla en el aceite caliente y freír a fuego fuerte durante 2 minutos. Retirar del fuego, cubrir con papel de aluminio y cocinar en el horno precalentado a 200 ° C durante aprox. 25-30 minutos, hasta que todo el huevo esté caramelizado.

7. Servir caliente.

25. Tortilla rellena de queso feta

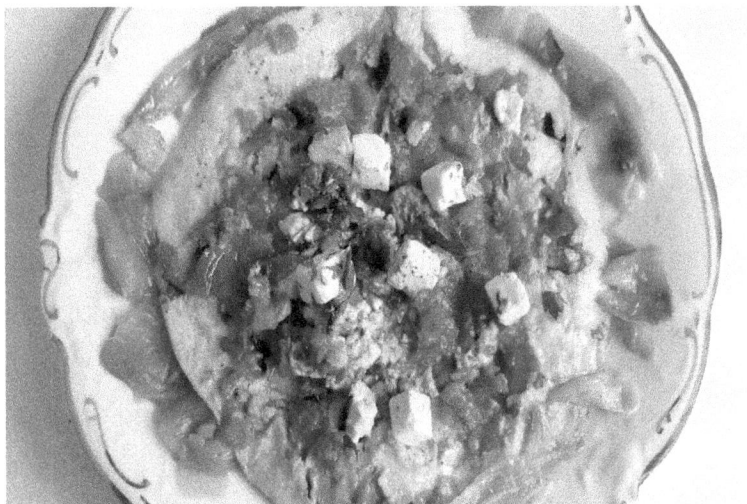

- Preparación: 40 min
- porciones 2

ingredientes

- 1 chalota
- 4 huevos
- sal
- pimienta del molinillo
- 4 cucharadas de queso crema fresca
- 2 cucharaditas de mostaza
- 2 cucharaditas de jugo de limón
- 2 cucharadas de albahaca finamente picada

- 2 cucharadas de mantequilla
- 100 gramos
- feta
- albahaca

Pasos de preparación

1. Pelar y picar finamente la chalota. Huevos separados. Batir las claras con una pizca de sal hasta que estén firmes. Batir las yemas de huevo con 2 cucharadas de crema fresca, mostaza, jugo de limón y la albahaca finamente picada. Sazone con sal y pimienta, agregue las claras de huevo sin apretar.

2. Derretir la mitad de la mantequilla en una sartén antiadherente. Agrega la mitad de la chalota y sofríe. Agregue la mitad de la mezcla de tortilla y cocine durante 6-8 minutos hasta que la parte inferior esté dorada y la superficie se espese mientras cubre la sartén. Luego retire la sartén de la estufa.

3. Unte 1 cucharada de crema fresca sobre la tortilla y cubra con la mitad del queso feta desmenuzado, sazone con sal y pimienta y doble la tortilla con la ayuda de una espátula.

4. Hornee la segunda tortilla de la misma manera (posiblemente en una segunda sartén).

5. Coloque las tortillas en platos y sírvalas adornadas con albahaca.

26. Ensalada de cuscús con fresas

- Preparación: 35 min
- porciones 4

ingredientes

- 250 g de cuscús integral (instantáneo)
- 40 g de pasas
- sal
- 150 g de tofu sedoso
- 1 cucharada de bebida de soja (leche de soja)
- 1 cucharadita de hojuelas de levadura
- 1 cucharada de harina de garbanzo
- 1 cucharadita de tahini
- 1 pizca de cúrcuma

- 4 cucharadas de aceite de oliva
- 150 g de fresas
- 40 g de rúcula (1 puñado)
- 1 tallo de menta
- 2 cucharadas de jugo de lima
- 1 cucharadita de miel
- pimienta
- 1 cucharada de almendras en copos

Pasos de preparación

1. Mezclar el cuscús con las pasas y cocinar en agua con sal según las instrucciones del paquete.

2. Mientras tanto, para las tiras de tortilla, mezcle el tofu sedoso en un bol con la bebida de soja, copos de levadura, harina de garbanzo, pasta de tahini, cúrcuma y una pizca de sal. Calentar 1 cucharada de aceite en una sartén, agregar la mezcla y freír a fuego medio durante aproximadamente 1-2 minutos hasta que se doren. Dar la vuelta y freír durante 1 a 2 minutos más hasta que se doren. Retirar de la sartén, dejar enfriar un poco y cortar en tiras finas.

3. Lavar, limpiar y cortar las fresas en rodajas. Lavar y limpiar la rúcula, centrifugar y cortar en trozos pequeños. Lavar la menta, secar con agitación y quitar las hojas.

4. Para el aderezo, mezcle el jugo de limón con la miel y el aceite restante y sazone con sal y pimienta. Esponja el cuscús con un tenedor y mézclalo con el aderezo.

5. Extienda el cuscús en una fuente, cubra con las fresas y la rúcula, la tortilla y la menta. Espolvorea con almendras.

27. Tortilla de algas

- Preparación: 15 minutos.
- cocinar en 20 min
- porciones 4

ingredientes

- 12 huevos
- 50 ml de leche (3,5% de grasa)
- sal
- pimienta del molino
- 1 cucharada de mantequilla
- 2 hojas de alga nori

Pasos de preparación

1. Batir los huevos con la leche y sazonar con sal y pimienta. Freír un total de 4 tortillas muy finas una tras otra. Para hacer esto, caliente un poco de mantequilla en una sartén rebozada. Agrega una cuarta parte de la mezcla de huevo y leche y sofríe durante 2-3 minutos a fuego medio. Utilice también el resto de la mezcla de huevo y leche.

2. Extienda film transparente sobre la superficie de trabajo y coloque las tortillas encima, ligeramente superpuestas, en un rectángulo. Corta las hojas de algas a medida con unas tijeras y cubre las tortillas con ellas. Cubrir con film transparente, presionar ligeramente y dejar reposar durante 5 minutos.

3. Retire la tapa y envuelva las tortillas de algas en un rollo con el papel de aluminio. Corta los recortes de algas restantes en tiras finas. Cortar el rollo de tortilla de algas en rodajas, distribuir en platos y decorar con tiras de algas.

28. Tortilla de espinacas y espárragos

- Preparación: 45 min
- porciones 4

ingredientes

- 250 g de espárragos verdes
- ½ limón orgánico
- 2 cucharadas de aceite de oliva
- 100 ml de caldo de verduras
- sal
- pimienta
- 125 g de hojas frescas de espinaca

- 8 huevos
- 150 ml de leche (1,5% de grasa)
- 20 g de parmesano (1 pieza; 30% de grasa en materia seca)
- 200 g de pan integral (4 rebanadas)

Pasos de preparación

1. Pelar los espárragos en el tercio inferior y cortar los extremos leñosos. Enjuague la mitad de limón con agua caliente, frote para secar, frote la cáscara y exprima el jugo.

2. Calienta aceite en una sartén. Sofreír los espárragos a fuego medio durante 2-3 minutos. Desglasar con jugo de limón y caldo, sazonar con sal y pimienta y cocinar tapado a fuego lento durante 5 minutos hasta que esté al dente. Luego retire la tapa de la sartén y deje que el líquido se evapore.

3. Mientras tanto, limpie y lave las espinacas y agítelas para secarlas. Batir los huevos con la leche. Sazone con sal, pimienta y ralladura de limón.

4. Cepille una sartén recubierta con 1/2 cucharadita de aceite. Agregue 1/4 de la mezcla de huevo y revuelva para distribuirlo

uniformemente. Cubra con 1/4 de los espárragos y la espinaca. Cocine la tortilla a fuego medio durante 5-6 minutos y déjela dorar ligeramente. Mantener caliente en el horno precalentado a 80 ° C.

5. Hornea 3 tortillas más del resto de la mezcla de huevo de la misma manera y mantenlas calientes. Rallar finamente el parmesano. Doblar las tortillas, espolvorear con queso y servir con el pan.

29. Tortilla de tocino

- Preparación: 30 min.
- cocinar en 45 min
- porciones 4

ingredientes

- 150 g de tocino de desayuno
- 8 huevos
- 8 cucharadas de leche
- mantequilla para freír
- 1 cucharada de perejil recién picado
- 1 cucharada de rollitos de cebollino

- pimienta del molino

Pasos de preparación

1. Cortar el tocino en tiras anchas, dejar en una sartén caliente, freír hasta que esté crujiente, retirar y escurrir sobre toallas de papel.

2. Abra 2 huevos cada uno en un bol y mezcle bien con 2 cucharadas de leche con un batidor. Unte una sartén caliente con un poco de mantequilla y vierta la mezcla de huevo. Revuelva a fuego lento con una espátula hasta que el huevo comience a espesarse. Si está húmedo y brillante en la superficie, cubrir con un poco de tocino, espolvorear con perejil y cebollino, pimienta, doblar y servir.

30. Tortilla de calabacín y pimiento

- Preparación: 30 min.
- cocinar en 50 min
- porciones 4

ingredientes

- 1 calabacín
- sal
- 2 pimientos rojos
- 2 cebolletas
- 1 puñado de albahaca
- 1 diente de ajo
- 2 cucharadas de aceite de oliva
- pimienta del molino
- 6 huevos

- 4 cucharadas de crema batida
- 50 g de queso recién rallado

Pasos de preparación

1. Precalienta el horno a 200 ° C de temperatura máxima.
2. Lavar y limpiar el calabacín, cortar longitudinalmente y transversalmente en palitos. Sal y deja reposar el agua durante unos 10 minutos. Luego seque. Lavar los pimientos, cortar por la mitad, limpiar y cortar en dados. Lave y limpie las cebolletas y córtelas en aros en diagonal. Lave la albahaca, agite para secar y pique las hojas en trozos grandes. Pelar el ajo y cortarlo en tiras finas. Saltee con pimentón y cebolletas en aceite caliente en una sartén grande durante 1-2 minutos. Agregue los palitos de calabacín y saltee durante 1-2 minutos. Condimentar con sal y pimienta. Espolvorea con albahaca. Batir los huevos con la nata y verter sobre las verduras. Dejamos hornear brevemente y espolvoreamos con el queso. Hornee en el horno durante 10-15 minutos hasta que estén doradas y deje reposar.

31. Tortilla italiana con guisantes

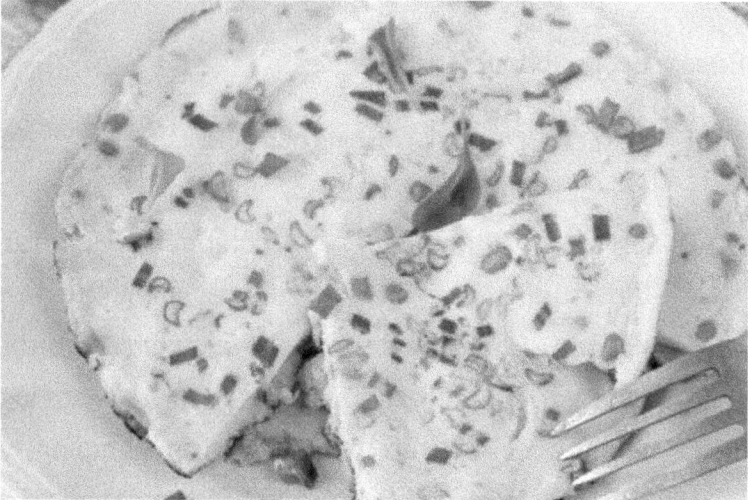

- Preparación: 30 min.
- cocinar en 55 min
- porciones 4

ingredientes

- 1 chalota
- 1 ajo
- 40 g de rúcula (0,5 manojo)
- 500 g de guisantes congelados
- 7 huevos
- 150 ml de nata montada
- sal

- pimienta
- 1 cucharada de aceite de oliva

Pasos de preparación

1. Pelar y picar finamente la chalota y el ajo. Lave la rúcula, clasifíquela y agítela para secarla. Deja que los guisantes se descongelen.

2. Bate los huevos en un bol y bátelos con la nata, sazonando con sal y pimienta. Calentar el aceite en una sartén para horno y sofreír las chalotas y el ajo a fuego medio hasta que estén transparentes. Mezcle los guisantes y saltee brevemente. Agrega los huevos y déjalos reposar brevemente. Coloque el molde en el horno precalentado a 200 ° C y hornee durante 15-20 minutos hasta que esté dorado. Retirar y servir, cortar en trozos y decorar con rúcula.

32. Tortilla de patatas a la española

- Preparación: 40 min
- porciones 4

ingredientes

- 600 g de patatas
- 1 pimiento rojo
- 1 pimiento amarillo
- 1 pimiento verde
- 1 guindilla finamente picada
- 200 g de espinacas
- 8 huevos
- 1 cebolla

- 2 dientes de ajo
- aceite de oliva
- sal
- pimienta del molino

Pasos de preparación

1. Pelar y cortar las patatas en dados. Freír lentamente en una sartén grande con abundante aceite de oliva durante aprox. 15 minutos, volteando de vez en cuando. No deberías llevar pintura.

2. Mientras tanto, lavar, cortar por la mitad, limpiar y picar los pimientos.

3. Pelar la cebolla y el ajo y picarlos finamente.

4. Lavar, limpiar y escaldar brevemente las espinacas en agua hirviendo con sal. Apagar, exprimir y picar.

5. Saca las patatas de la sartén y retira el exceso de aceite. Basta rehogar la cebolla, el ajo, la guindilla, las espinacas y el pimentón en un poco de aceite, retirar. Batir los huevos, mezclar con las verduras fritas, sazonar con sal, pimienta y añadir a la sartén. Déjelo reposar lentamente durante unos 5-6 minutos. Luego voltea la tortilla con la ayuda

de un plato y fríe el otro lado hasta que se dore. Sirva frío o tibio, cortado en trozos.

33. Tortilla de queso

- Preparación: 15 minutos.
- cocinar en 22 min
- porción 1

ingredientes

- 3 huevos
- 2 cucharadas de crema batida
- sal pimienta del molino
- 1 cebolla tierna

- 1 pimiento rojo puntiagudo
- 1 cucharada de mantequilla
- 2 cucharadas de queso cheddar rallado zb

Pasos de preparación

1. Precalienta el horno a 220 ° C de temperatura máxima. Mezclar los huevos con la nata y condimentar con sal y pimienta. Lavar y limpiar las cebolletas y cortarlas en aros finos. Lavar los pimientos, cortar por la mitad, limpiar y cortar en dados.

2. Ponga la mantequilla en una sartén caliente y vierta el huevo. Espolvorear con las cebolletas y los pimientos morrones y dejar reposar durante 1-2 minutos y hornear hasta que estén dorados. Enrolle y espolvoree con queso. Horneadas en el horno durante unos 5 minutos hasta que estén doradas.

34. Tortilla de tomate con queso de oveja

- Preparación: 20 min
- porciones 4

ingredientes

- 8 huevos
- 100 ml de nata montada
- 3 tomates
- 1 cucharada de mantequilla
- 200 g de queso feta cortado en cubitos
- sal
- pimienta del molino
- nuez moscada recién rallada

- 2 cucharadas de albahaca picada para la guarnición

Pasos de preparación

1. Batir los huevos con la nata y sazonar con sal, pimienta y nuez moscada. los
2. Lavar y cortar en cuartos los tomates, quitar las semillas y cortar en cubos pequeños. Sudar ligeramente la mantequilla caliente, agregar los dados de queso feta y verter sobre los huevos. Revuelva hasta que la tortilla comience a estancarse. Luego tapar y dejar reposar a fuego lento durante unos 2 minutos. Corta la tortilla en cuartos y colócala en platos. Sirve espolvoreado con albahaca.

35. Tortilla con queso feta y verduras

- Preparación: 30 min.
- cocinar en 55 min
- porciones 4

ingredientes

- 200 g de lata de maíz
- 1 albergue
- 2 calabacines
- 300 g de tomates cherry
- 1 diente de ajo
- 4 cucharadas de aceite de oliva
- sal
- pimienta del molino
- 1 cucharadita de orégano seco

- 7 huevos
- 100 ml de leche
- 200 g de queso feta
- albahaca para decorar

Pasos de preparación

1. Lava y limpia las verduras. Escurre el maíz sobre un colador. Lavar y limpiar la berenjena y el calabacín y cortar en palitos. Lave y corte los tomates por la mitad. Pelar el ajo y picarlo en rodajas finas. Calentar 2 cucharadas en una sartén, sofreír los ajos, las berenjenas, el calabacín y el elote, seguir friendo unos 4 minutos, revolviendo. Luego agregue los tomates. Sazone la mezcla de verduras con sal, pimienta, orégano y vinagre y retire del fuego.

2. Batir los huevos con la leche, la sal y la pimienta. Calentar el resto del aceite en una sartén. Vierta 1/4 de la mezcla de huevo y déjela fluir uniformemente girando e inclinando ligeramente la sartén. Freír hasta que estén doradas por ambos lados. Coloque una tortilla en cada plato, cubra la mitad con la mezcla de verduras, doble y espolvoree

con hojuelas de queso feta. Sirva adornado con albahaca.

36. Frittata con calabacín

- Preparación: 10 min.
- cocinar en 28 min
- porciones 4

ingredientes

- 2 calabacines
- 1 diente de ajo
- 1 cucharada de tomillo recién picado
- 2 cucharadas de aceite de oliva
- sal
- pimienta del molino

- 5 huevos
- 50 ml de nata montada
- 50 g de parmesano rallado

Pasos de preparación

1. Lavar, limpiar y cortar en rodajas el calabacín. Pelar el ajo y picarlo en rodajas finas. Mezclar calabacín con hojas de tomillo y ajo y freír en aceite caliente en una sartén durante 2-3 minutos, sazonar con sal y pimienta. Vierta el líquido resultante.
2. Batir los huevos con la nata, sazonar con sal y pimienta, verter sobre el calabacín y tapar y dejar reposar durante 8-10 minutos a fuego lento. Luego voltea la frittata con la ayuda de un plato grande, espolvorea con el parmesano y tapa y hornea por 3-5 minutos.
3. Cortar en cuadritos pequeños para servir.

37. Tortillas con puerro y tocino

- Preparación: 50 min
- porciones 4

ingredientes

- 150 g de harina
- 2 huevos
- 250 ml de leche
- 2 cucharaditas de aceite
- Aceite para freír
- Para el llenado
- 75 g de gouda finamente rallado

- 500 g de puerro blanco y verde claro, lavado y limpiado
- 75 g de tocino de desayuno finamente picado
- sal
- pimienta del molino
- 4 cucharadas de queso crema fresca

Pasos de preparación

1. Mezclar la harina con el huevo, la leche, el aceite y la sal para formar la masa y dejar reposar aprox. 30 minutos. Luego agregue 25 g de queso Gouda.
2. Cortar el puerro en aros finos. Freír el tocino en una sartén, luego agregar el puerro y cocinar tapado por aprox. 8-12 minutos. Sazone al gusto con sal, pimienta y crema fresca.
3. Freír 4 tortillas de la masa en aceite, rellenar con la mezcla de puerros, espolvorear con el queso restante y doblar.
4. Hornee en el horno a 220 ° C durante aprox. 5 minutos, servir caliente.

38. Tortilla de mango

- Preparación: 45 min
- porciones 4

ingredientes

- 2 mangos maduros
- 1 limón orgánico
- 2 cucharadas de azúcar
- 8 huevos
- sal
- 4 cucharadas de harina
- manteca

Pasos de preparación

1. Pelar los mangos, cortar la pulpa del hueso por ambos lados y cortar en rodajas finas. Frote la ralladura del limón y exprima el jugo.

2. Separar los huevos y batir las claras hasta que estén firmes. Mezclar las yemas con el azúcar, la ralladura de limón, una buena pizca de sal y la harina hasta que quede cremoso. Incorporar las claras con la batidora.

3. Mientras tanto, calentar un poco de mantequilla en una sartén pequeña. Vierta la masa en la sartén con un cucharón pequeño (por ejemplo, una cuchara para salsa) y cubra las rodajas de mango. Ponga una tapa y fría durante unos 2-3 minutos a fuego lento hasta que estén doradas, voltee una vez y fría durante aproximadamente 1 minuto, luego levante y mantenga caliente. Hornea 8 tortillas pequeñas una tras otra

39. Tortilla de pimiento y papa

- Preparación: 35 min
- coquización en 1 h 35 min
- porciones 4

ingredientes

- 700 g de patatas predominantemente cerosas
- sal
- 3 pimientos rojos
- 1 cebolla vegetal
- 2 dientes de ajo

- 6 huevos
- 200 ml de nata montada con al menos un 30% de contenido de grasa
- 300 ml de leche
- 100 g de parmesano recién rallado
- pimienta del molino
- nuez moscada
- 2 cucharadas de aceite vegetal
- grasa para la forma

Pasos de preparación

1. Lave las papas y cocine en agua hirviendo con sal durante 20-25 minutos. Escurrir, enjuagar con agua fría, pelar y dejar enfriar. Precalienta el horno a 180 ° C de temperatura superior e inferior.

2. Lavar los pimientos, cortar por la mitad, quitar el corazón, cortar por la mitad horizontalmente y cortar en tiras anchas. A continuación, pelar y picar finamente la cebolla y el ajo.

3. Batir los huevos con la nata, la leche y el queso y sazonar con sal, pimienta y nuez moscada. Cortar las patatas en rodajas de 0,5 cm de grosor y freírlas en una sartén

caliente con aceite hasta que se doren. Agrega la cebolla y los ajos en dados, sofríe brevemente y coloca en una fuente de horno engrasada con las tiras de pimiento.

4. Vierta la crema de huevo por encima hasta que todo esté bien cubierto y hornee en el horno precalentado durante 30-35 minutos hasta que se dore. Retirar, desmoldar, cortar en cubos de 4x4 cm y servir con palo de madera.

40. Tortillas con calabacín

- Preparación: 25 min
- porciones 4

ingredientes

- 10 huevos
- 50 ml de bebida de avena (leche de avena)
- 2 cucharadas de albahaca recién cortada
- sal
- pimienta
- 2 calabacines
- 250 g de tomates cherry
- 2 cucharadas de aceite de oliva

Pasos de preparación

1. Batir los huevos con la bebida de avena y albahaca. Condimentar con sal y pimienta.

2. Lavar, limpiar y cortar el calabacín en trozos. Lava y corta los tomates por la mitad. Mezcle las verduras sin apretar, sazone con sal, pimienta y saltee 1/4 de minuto cada una en un poco de aceite caliente. Vierta 1/4 de los huevos sobre cada uno, mezcle y fría durante 4-5 minutos hasta que estén dorados y deje reposar. Hornee las 4 tortillas de esta manera y sirva.

41. Tortillas con verduras, picatostes y tofu

- preparación 30 minutos
- porciones 2

Ingredientes:

- 250 g de tofu sedoso
- 6 tomates
- 4 rebanadas de pan de trigo
- 2 pimientos rojos
- 2 cucharadas de mantequilla clarificada
- 1 cucharada de queso parmesano finamente rallado
- un manojo de cebolletas verdes
- sal

- pimienta negro
- perejil verde

preparación:

1. Lave todas las verduras y verduras y escúrralas del agua. Corta los tomates en trozos pequeños. Retire las semillas del pimiento y córtelo en cubos pequeños. Pica finamente las cebolletas y el perejil verde. Cascar los huevos en una taza, mezclarlos con una pizca de sal, pimienta y queso parmesano rallado, y verterlos en una sartén caliente sin grasa. Freír todo por ambos lados hasta que los huevos estén completamente cocidos. Luego sacar de la sartén y poner en un plato.

2. Cortar el tofu en cuadritos y dorarlo ligeramente en 1 cucharada de mantequilla clarificada en una sartén. Después de dorar, retirar de la sartén y colocar sobre la tortilla en un plato. Luego agregue verduras picadas y espolvoree todo con cebollino picado y perejil verde. A continuación, dore las rebanadas de pan de trigo en la

mantequilla clarificada restante en la sartén, retírelas y agréguelas al plato.

42. Merienda con jamón y tortilla

- preparación hasta 30 minutos
- porciones 2

Ingredientes:

- 200 g en rodajas jamón
- 4 huevos
- 2 cucharadas de leche
- 1 cucharada de harina de trigo
- sal

- pimienta negro
- cabeza de lechuga peluda

preparación:

1. Dividir la lechuga en hojas, lavarlas bien, escurrirlas del agua y ponerlas en una bandeja. Rompe los huevos en una taza, agrega harina, una pizca de sal y pimienta, agrega la leche y bate todo con un tenedor.

2. Luego se vierte en una sartén caliente sin grasa y se fríe por ambos lados hasta que los huevos estén completamente sólidos, luego se retira del fuego. Ponga la tortilla frita en lonchas de jamón, envuélvala en rollos, colóquela sobre las hojas de lechuga y fíjela con palillos pequeños.

43. Tortilla de verduras

- preparación: 30-60 minutos
- porciones 2

Ingredientes:

- 6 huevos
- 1 pimiento rojo
- 1 pimiento verde dulce
- 1 cebolla morada
- 1 brócoli
- 1 cucharada de harina de trigo
- 0.5 tazas de leche 2%

- sal
- pimienta negro

preparación:

1. Lave todas las verduras y escúrralas del agua. Retire las semillas de los pimientos rojos y verdes y córtelos en trozos pequeños. Pelar la cebolla morada y cortarla en rodajas finas.

2. Divida el brócoli en floretes, póngalos en una cacerola, vierta agua ligeramente con sal para que no se salgan y cocínelos hasta que estén blandos. Después de hervir el brócoli, escúrrelo.

3. Luego, bate los huevos en una taza, vierte la leche en ellos, agrega la harina, una pizca de sal y pimienta y bátelos bien con un batidor, luego viértelos en un plato resistente al calor.

4. Agrega todas las verduras previamente picadas y el brócoli cocido. Pon todo en un horno precalentado a 175 ° C y hornea hasta que las verduras estén tiernas.

5. Después de hornear, sacar del horno y enfriar un poco.

44. Tortillas con Fruta

- preparación: hasta 30 minutos
- porciones 2

Ingredientes:

- 6 huevos
- 1 cucharadita de harina de trigo
- 0.5 tazas de leche 2%
- sal
- un manojo de cebolletas

FRUTA:

- 6 plátanos
- 1 taza de arándanos

preparación:

1. Lave los plátanos y las bayas y escurra del agua. Retirar los extremos de los plátanos, pelarlos, cortar la pulpa en rodajas finas y poner en un plato.

Prepara una tortilla:

2. Rompe los huevos en una taza, vierte la leche en ellos, agrega la harina, una pizca de sal y cebollino finamente picado. Mezclar todo bien con un tenedor, luego verterlo en una sartén caliente sin grasa y freír a fuego medio hasta que los huevos estén completamente cuajados. Luego retira del fuego y agrega a los plátanos en el plato. Espolvorea todo con arándanos.

45. Tortilla de berenjenas

- preparación hasta 30 minutos
- porciones 2

Ingredientes:

- 4 huevos
- 4 cucharadas de aceite
- 2 berenjenas
- 2 tomates
- 2 dientes de ajo
- 2 limones
- 1 cebolla

- sal
- pimienta negro

preparación:

1. Lavar las verduras y escurrir el agua. Berenjena cortada en rodajas de 1 cm de grosor. Corta los tomates en trozos pequeños. Pelar las cebollas con el ajo de la piel y picar finamente. Rompe los huevos en un bol y bátelos con un tenedor con una pizca de sal y pimienta negra molida. Poner las rodajasberenjenas en una sartén caliente con 1 cucharada de aceite y freírlas a fuego medio hasta que estén doradas. Luego sácalos del fuego y quítales la piel. Agregue los tomates picados, la cebolla y el ajo a los huevos batidos y mezcle bien. Luego calentar el aceite restante en una sartén y agregarle las berenjenas fritas sin piel. Vierta todo sobre la mezcla de huevos y verduras. Freír todo por ambos lados hasta que se dore, y después de freír, retirar del fuego y poner en un plato.

46. Tortilla de ostras

- preparación 30-60 minutos
- porciones 4

Ingredientes:

- 300 g de ostras congeladas
- 200 ml de salsa picante
- 3 cucharadas de aceite
- 2 dientes de ajo
- 2 hojas de plátano
- 5 huevos

- 0.5 tazas de leche 2%
- perejil verde
- sal
- pimienta negro

preparación:

1. Lavar el perejil verde y las hojas de plátano y escurrir el agua. Pon las hojas de plátano en un plato. Descongele las ostras, corte las conchas y retire las partes no comestibles. A continuación, pelar el ajo de la piel, picarlo finamente y freírlo en aceite caliente en una sartén.

2. Agrega las ostras cortadas en trozos al ajo glaseado. Fríelos a fuego medio hasta que estén ligeramente dorados. Luego bate los huevos en una taza, bátelos con un tenedor con leche, una pizca de sal, pimienta negra molida y viértelos en las ostras fritas. Mezclar todo bien y freír hasta que los huevos estén completamente cuajados. Luego retira todo del fuego y ponlo en una hoja de plátano en un plato. Espolvoree el plato terminado con perejil verde y sirva junto con la salsa de chile.

47. Arroz con tortilla, tocino y achicoria

- preparación 30-60 minutos
- porciones 4

Ingredientes:

- 25 g de lonchas de tocino ahumado
- 3 huevos
- 3 cucharadas de aceite
- 1 taza de arroz glutinoso
- 1 pequeño por
- 1 achicoria roja

- 1 cucharada de leche
- 1 cucharada de harina de trigo
- sal
- pimienta

preparación:

1. Lavar las verduras y escurrir el agua. Luego, corta el puerro en trozos pequeños.
2. Cortar la achicoria en rodajas finas. Deja las cuatro rebanadas de tocino enteras y corta el resto en dados. Enjuague el arroz con agua corriente, viértalo en una cacerola, vierta dos vasos de agua ligeramente salada, hiérvalo suelto y evapore.
3. Rompe los huevos en un bol, vierte la leche, agrega la harina, una pizca de sal y pimienta y bate con un tenedor. Vierta los ingredientes batidos en 1 cucharada de aceite caliente en una sartén y fría hasta que cuaje.
4. Luego retíralas del fuego, córtalas en trozos pequeños y mézclalas con el arroz cocido.
5. Luego calienta el aceite restante en una sartén, agrega el tocino picado y el puerro,

sazona con especias al gusto y fríe hasta que la carne esté dorada.

6. Luego agregue el arroz mezclado y la tortilla, mezcle nuevamente y fríalo, tapado, por un minuto más.

7. Pasado este tiempo, retira todo del fuego y ponlo en un plato, añadiendo las rodajas de tocino restantes. Espolvorea todo con achicoria picada.

48. Tortilla con frijoles y jamón

Ingredientes:

- 30 g de judías verdes
- 25 g de rodajas jamón serrano
- 3 cucharadas de aceite de oliva
- 2 dientes de ajo
- 2 cucharadas de mayonesa
- 1 cucharadita de pimiento rojo dulce molido
- 1 ají ahumado
- un manojo de cebolletas, sal
- pimienta
- sal

Para la tortilla:

- 4 huevos
- 2 cucharadas de leche
- 1 cucharada de harina de trigo

preparación:

1. Lavar las verduras y escurrir el agua. Pica finamente las cebolletas. Retirar las semillas del pimiento ahumado y picar en trozos pequeños. Retire las puntas de los frijoles, póngalos en una cacerola, vierta 1 litro de agua ligeramente salada, cocine hasta que estén blandos y escurra. Pelar el ajo de la piel, cortar en cubos pequeños y freír en 2 cucharadas de aceite de oliva caliente en una sartén. Agregue al ajo glaseado los chiles picados finamente ahumados, las lonchas de jamón y las judías verdes previamente cocidas. Freír, tapado, durante 1,5 minutos a fuego medio.

2. Luego prepara la tortilla: pon los huevos en una cacerola, vierte la leche en ellos, agrega la harina, una pizca de sal, pimienta y bate todo bien con un tenedor. Vierta los

ingredientes batidos sobre los ingredientes fritos en la sartén. Freír todo hasta que se corten los huevos. Listo para sacar del fuego y meter en el plato.

3. Espolvorea todo con cebollino picado.

49. tortilla de rosquilla

Ingredientes:

- 6 huevos
- 5 cucharadas de crema 12%
- 2 cucharadas de harina
- 15 gramos de mantequilla

- requesón de hierbas
- guisantes verdes
- Maíz enlatado
- 20 gramos de queso rallado
- eneldo verde o perejil
- sal
- pimienta

preparación:

1. Batir los huevos con el queso rallado, la nata y la harina. Agregue sal. Derretir la mantequilla en una sartén y verter la masa batida. Freír a fuego alto por ambos lados, haciendo palanca en el fondo con una espátula para evitar que se queme. Coloque la tortilla terminada en un plato, cepille con requesón, espolvoree con guisantes, maíz, pimienta, eneldo picado o perejil. Enróllelo y luego córtelo en rodajas gruesas. Sirva caliente.

50. Tortilla de cerdo

- preparación hasta 30 minutos
- porciones 2

Ingredientes:

- 300 g de carne de cerdo picada
- 4 huevos
- 2 cucharadas de aceite
- 2 cucharaditas de salsa de soja oscura
- 2 tomates
- 1 cebolla
- 1 pepino verde
- sal

- pimienta negro

preparación:

2. Lavar los tomates y los pepinos y escurrirlos del agua. Pelar el pepino, luego cortarlo con el tomate en rodajas finas y poner en un plato. Pelar la cebolla, picarla finamente y sofreír en aceite caliente en una sartén. Después del glaseado, agregue la carne picada, vierta la salsa de soja, revuelva y fría hasta que la carne se oscurezca. Luego, bate los huevos en una taza, bátelos con un tenedor con una pizca de sal y pimienta y viértelos sobre la carne frita con cebolla. Freír todo hasta que se dore a fuego medio por ambos lados. Después de freír, retirar del fuego y poner en un plato con verduras picadas.

51. Tortilla de arroz y carne

- preparación hasta 30 minutos
- porciones 2

Ingredientes:

- 350 g de carne molida de res y cerdo
- 200 g de arroz integral
- 150 g de maíz en salmuera
- 4 huevos
- 3 cucharadas de aceite
- 2 cucharadas de kétchup picante
- 1 cebolla
- 0.5 tazas de leche 2%

- sal
- pimienta negra (molida)

preparación:

1. Quita el maíz de la salmuera. Enjuague el arroz con agua corriente, viértalo en una cacerola, vierta 4 tazas de agua ligeramente salada y cocine hasta que esté suelto.

2. Después de cocinar, evaporar. Pelar la cebolla, picarla finamente y sofreír en aceite caliente en una sartén. Agrega la carne picada a la cebolla glaseada, sazona al gusto con una pizca de sal, pimienta molida, mezcla bien y fríe hasta que se oscurezca. Luego agregue el arroz previamente cocido y el maíz escurrido de la salmuera. Mezclar todo bien y freír durante otros 3 minutos a fuego medio, luego retirar del fuego y poner en un plato.

3. Luego, rompe los huevos en una taza, vierte la leche en ellos, agrega una pizca de sal y bate bien con un tenedor. Después de batir, verterlos en una sartén caliente sin grasa y cocinar hasta que estén firmes. Luego

sácalos de la sartén y agrégalos al plato.
Vierta salsa de tomate picante sobre todo.

52. Tortilla de coliflor

- preparación hasta 30 minutos
- porciones 2

Ingredientes:

- 6 huevos
- 2 cucharadas de queso Gouda rallado

- 2 cucharadas de mantequilla
- 0.5 tazas de leche 2%
- 1 coliflor grande
- sal
- pimienta negro

preparación:

1. Lavar la coliflor, cortarla en floretes, ponerlas en un cazo, añadir 1,5 litros de agua ligeramente salada y cocinar hasta que estén tiernas.

2. Después de cocinar la coliflor, escurrirla y ponerla en la mantequilla caliente en una sartén. Luego agrega los huevos en una taza, agrega el queso Gouda rallado, una pizca de sal y pimienta, vierte la leche, bate bien los tenedores y luego vierte la coliflor entera en la sartén.

3. Freír todo hasta que esté dorado y servir la tortilla terminada tibia.

53. tortilla con ricotta y queso parmesano

Ingredientes:

- 200 g de queso ricotta
- 2 cucharadas de mantequilla
- un puñado de albahaca fresca
- sal
- pimienta recién molida

tortilla:

- 5 huevos
- 1 cucharada de harina de trigo
- 1 cucharada de queso parmesano rallado
- 1 cucharada de leche

preparación:

1. Lavar la albahaca y escurrir el agua. Derrita la mantequilla en una sartén caliente. Agrega el queso ricotta a la mantequilla derretida y fríelo por 1 minuto a fuego medio.

Prepara una tortilla:

2. romper los huevos en una taza y agregar la harina, el parmesano rallado y una pizca de sal. Luego, bate bien los ingredientes en la taza con un tenedor y viértelos en los ingredientes fritos en la sartén. Freír todo, tapado, hasta que los huevos estén listos. Luego retira todo del fuego, decora con albahaca y espolvorea con pimienta recién molida.

54. Tortilla de patatas

- preparación 30-60 minutos
- porciones 4

Ingredientes:

- 6 huevos
- 500 g de patatas
- 2 cucharadas de mantequilla
- 2 cucharadas de leche 2%
- 1 cebolla
- 0.5 cucharaditas de especias de papa
- sal

- pimienta

preparación:

3. Frote bien las patatas con agua corriente, póngalas en una cacerola, vierta agua para que no se salgan y cocine en sus chaquetas hasta que estén blandas. Después de cocinar, escurrir y cortar en rodajas finas. Luego, rompe los huevos en una taza, vierte la leche en ellos, agrega una pizca de sal y pimienta y bátelos con un tenedor. Pelar la cebolla, cortarla en cubos pequeños y dorarla en una sartén en mantequilla caliente. Agrega las papas picadas a la cebolla dorada, espolvorea con una pizca de sal, pimienta, condimento para papas y sofríe durante 40 segundos a fuego medio. Vierte los huevos previamente batidos en los ingredientes fritos, mezcla y fríe hasta que cuaje. Entonces saca todo del fuego.

55. tortilla con queso y salsa de soja

Ingredientes:

- 15 g de queso parmesano rallado
- 4 huevos
- 2 cucharadas de leche
- 2 cucharadas de harina de trigo
- 2 cucharadas de salsa de soja oscura
- 0.5 cucharaditas de sal
- 0.5 cucharaditas de pimienta negra molida
- perejil verde

preparación:

1. Lavar el perejil verde, escurrir el agua y picar finamente. Pica los huevos en una cacerola, agrega harina, sal y pimienta, vierte la leche en ellos y mezcla todo con una batidora hasta obtener una consistencia de crema espesa. Vierta los ingredientes mezclados con una cuchara en una sartén caliente sin grasa y fría por ambos lados a fuego medio hasta que estén ligeramente dorados.

2. Luego lo retiramos del fuego, lo espolvoreamos con queso parmesano rallado, lo enrollamos y lo volvemos a poner a fuego medio. Freír tapado hasta que el queso se derrita. Luego retirar del fuego, dividir en porciones y poner en un plato. Luego espolvorea todo con salsa de soja y espolvorea con perejil verde finamente picado.

56. Rollo de pavo, tortilla y espinacas

Ingredientes:

- 4 pechugas de pavo
- 250 g de espinaca congelada
- 4 cucharadas de aceite
- 2 cucharadas de kétchup picante
- 1 cebolla
- 0.5 cucharaditas de nuez moscada rallada
- sal
- pimienta

Para la tortilla:

- 4 huevos

- 2 cucharadas de leche
- 1 cucharada de harina de trigo

preparación:

1. Lavar las pechugas de pavo, escurrir el agua, aplastarlas con un mortero, ponerlas sobre la tabla de repostería, untar con ketchup picante por un lado y espolvorear con sal y pimienta.

Prepara una tortilla.

2. Batir los huevos en un bol y batir con la harina y la leche. Poner los ingredientes batidos en una sartén caliente sin grasa y sofreír por ambos lados a fuego medio hasta que los huevos estén firmes.

3. Luego retira del fuego y coloca sobre las pechugas de pavo rebozadas con kétchup. Pelar la cebolla, cortarla en cubos pequeños y freír en 2 cucharadas de aceite caliente en una sartén.

4. Descongele las espinacas y agréguelas a la cebolla glaseada. Sazone los ingredientes al gusto con una pizca de sal y pimienta, agregue la nuez moscada rallada, revuelva y

cocine a fuego lento, tapado, durante 2 minutos a fuego medio. Pasado este tiempo, retirar del fuego y agregar a los ingredientes con la carne.

5. Luego envuelva todo, átelo con un cordel, póngalo en una fuente para asar y rocíe con 2 cucharadas del aceite de oliva restante. Pon todo en un horno precalentado a 175 ° C y hornea hasta que la carne esté tierna.

57. Tortilla con tocino, patatas y espárragos

Ingredientes:

- 30 g de espárragos verdes
- 20 b de tocino ahumado
- 4 cucharadas de aceite
- 4 patatas
- 4 huevos
- 2 cucharadas de leche
- 2 cucharadas de crema espesa
- 0.5 cucharaditas de pimiento rojo molido
- sal
- pimienta

preparación:

1. Lavar los espárragos y escurrirlos del agua. Ponga los espárragos en una cacerola, agregue 3 tazas de agua ligeramente salada, cocine hasta que estén blandos y escurra.

2. Frote bien las patatas con agua corriente, vierta 1 litro de agua sobre ellas, cocínelas en su chaqueta hasta que estén tiernas, escurra y córtelas en rodajas finas. Rompe los huevos en una cacerola y bátelos con una batidora con leche, una pizca de sal y pimienta.

3. Verterlo en una sartén caliente sin grasa y freír a fuego medio hasta que esté firme. Luego retirar del fuego y poner en un plato. Calentar el aceite en una sartén y agregar las papas previamente cocidas.

4. Freírlas hasta que estén doradas, luego retirarlas del fuego y ponerlas sobre la tortilla frita. Cortar el tocino en dados y dorarlo en una sartén caliente sin grasa. Agregue los espárragos cocidos al tocino dorado y cocine por 1, 5 minutos a fuego medio. Retirar los ingredientes fritos del fuego y agregar al conjunto con la crema

espesa. Espolvorea todo con pimiento rojo
molido.

58. Tortilla con picatostes y brotes de soja

Ingredientes:

- 5 g de brotes de frijol mungo
- 4 huevos
- 4 rebanadas de pan tostado

- 3 cucharadas de aceite
- 2 dientes de ajo
- 2 cucharadas de agua
- un manojo de cebolletas
- sal
- pimienta

preparación:

1. Los brotes de frijol escaldan 1 taza de agua hirviendo y escurren el exceso de agua. Lavar las cebolletas, escurrir el agua y cortarlas en trozos. Corta el pan tostado en cubos grandes.

2. Pelar el ajo de la piel, picarlo finamente y saltearlo en aceite caliente en una sartén. Agrega el pan tostado y las cebolletas al ajo glaseado y sofríe hasta que los ingredientes estén dorados.

3. Luego, ponga los huevos en una cacerola, vierta agua en ellos, agregue una pizca de sal y pimienta y vierta todo.

4. Freír todo hasta que se corten los huevos. A continuación, agregue los brotes de soja previamente escaldados y fría, tapado,

durante 40 segundos. Retire el plato terminado del fuego y colóquelo en un plato.

59. Tortilla con brócoli, jamón y picatostes

- preparación hasta 30 minutos
- porciones 4

Ingredientes:

- 15 g de jamón ahumado
- 4 huevos
- 2 cucharadas de aceite
- 2 cucharadas de leche
- 1 brócoli
- 1 cebolla
- 1 baguette pequeña
- pimienta

- sal

preparación:

1. Lavar el brócoli, dividirlo en floretes, añadir 1 litro de agua ligeramente salada, hervir hasta que esté blando y escurrir.
2. Pelar la cebolla de la piel, cortarla en dados y freír en 1 cucharada de aceite caliente en una sartén.
3. Cortar el jamón en dados, añadir a la cebolla glaseada y dorar. Luego bate los huevos con la leche en una cacerola y vierte sobre los ingredientes fritos. Agrega el brócoli previamente cocido, espolvorea con una pizca de sal y pimienta y sofríe hasta que los huevos estén tiernos.
4. Listo para sacar del fuego y poner en un plato. Cortar la baguette en rodajas finas, dorar en el aceite restante por ambos lados y agregar al plato.

60. Chuleta de cerdo con tortilla, arroz y maíz

- preparación hasta 30 minutos
- porciones 2

Ingredientes:

- 200 g de maíz en salmuera
- 6 cucharadas de aceite
- 4 huevos
- 4 chuletas de cerdo con hueso
- 2 cucharadas de kétchup picante
- 2 dientes de ajo
- 1 cucharada de harina
- 1 cucharada de leche
- 1 taza de arroz integral

- sal
- pimienta

preparación:

1. Lavar la carne, escurrir el agua y dividirla en porciones. Enjuague el arroz integral con agua corriente, vierta 2 vasos de agua ligeramente salada sobre él y cocine hasta que el agua se haya evaporado por completo.

2. A continuación, pelar el ajo de la piel, picarlo finamente y saltearlo en 2 cucharadas de aceite caliente en una sartén. Agrega el elote escurrido del pepinillo y el arroz previamente cocido al ajo glaseado.

3. Sazona los ingredientes al gusto con una pizca de sal y pimienta y sofríe durante 1,5 minutos a fuego medio. Retirar las frituras del fuego y poner en un plato.

4. Rompe los huevos en una cacerola, luego agrega la harina, vierte la leche, espolvorea con una pizca de sal y agita todo bien con un batidor.

5. Verter los huevos batidos en una sartén caliente sin grasa y freír hasta que cuaje. Luego retire del fuego y agregue a los

ingredientes en el plato. Espolvorear las chuletas de cerdo con pimienta y sal y freír por ambos lados en el aceite caliente restante de la sartén.

6. Escurrimos los fritos de la grasa y añadimos al plato. Vierta salsa de tomate picante sobre todo.

61. tortilla francesa

Ingredientes:

- 15 g de tartar sera Gruyere
- 2 cucharadas de mantequilla
- un manojo de cebolletas
- pimienta
- sal

preparación:

1. Lavar las cebolletas y escurrirlas del agua. Colocar los huevos en una cacerola, espolvorear con una pizca de sal y pimienta y batir bien con un batidor. Calentar la

mantequilla en una sartén, agregar los huevos batidos y freír hasta que cuaje. Luego espolvorear todo con queso gruyere rallado y cebollino picado. Enrolla todo con una espátula y sofríe, tapado, hasta que el queso se derrita.

62. Tortilla con patatas, espárragos y queso

- preparación hasta 30 minutos
- porciones 2

Ingredientes:

- 20 g de espárragos verdes
- 20 g de lonchas de tocino ahumado
- 20 g de requesón de cabra
- 4 huevos
- 4 patatas
- 2 cucharadas de leche
- 2 dientes de ajo
- 2 cucharadas de aceite
- 1 cucharada de harina de trigo

- 0.5 cucharaditas de pimiento rojo molido
- sal
- pimienta

preparación:

1. Lavar las verduras y escurrir el agua. Rompe los huevos en una cacerola, vierte la leche en ellos, agrega la harina, sazona al gusto con una pizca de sal y pimienta y bate bien con un batidor de varillas.

2. Verter los ingredientes batidos en una sartén caliente sin grasa y freír hasta que todo esté sólido. Luego retíralo del fuego y ponlo en un plato. Corta el tocino en dados.

3. Pelar las patatas y cortarlas en rodajas finas. Pelar el ajo de la piel, cortar en trozos y freír en aceite caliente en una sartén. Agregue papas y espárragos picados al ajo glaseado.

4. Espolvorear los ingredientes con una pizca de sal y pimentón molido y sofreír hasta que estén dorados. Luego agrega el tocino picado y sofríe hasta que la carne esté dorada. Retirar los fritos del fuego y ponerlos en una tortilla en un plato.

63. Tortilla con patatas, espárragos y queso

- preparación hasta 30 minutos
- porciones 4

Ingredientes:

- 20 g de espárragos verdes
- 20 g de lonchas de tocino ahumado
- 20 g de requesón de cabra
- 4 huevos
- 4 patatas
- 2 cucharadas de leche
- 2 dientes de ajo
- 2 cucharadas de aceite

- 1 cucharada de harina de trigo
- 0.5 cucharaditas de pimiento rojo molido
- sal
- pimienta

preparación:

1. Lavar las verduras y escurrir el agua. Rompe los huevos en una cacerola, vierte la leche en ellos, agrega la harina, sazona al gusto con una pizca de sal y pimienta y bate bien con un batidor de varillas.

2. Verter los ingredientes batidos en una sartén caliente sin grasa y freír hasta que todo esté sólido. Luego retíralo del fuego y ponlo en un plato. Corta el tocino en dados. Pelar las patatas y cortarlas en rodajas finas. Pelar el ajo de la piel, cortar en trozos y freír en aceite caliente en una sartén.

3. Agregue papas y espárragos picados al ajo glaseado. Espolvorear los ingredientes con una pizca de sal y pimentón molido y sofreír hasta que estén dorados. Luego agrega el tocino picado y sofríe hasta que la carne esté dorada.

4. Retirar los fritos del fuego y ponerlos en una tortilla en un plato.

64. Tortilla de tofu

Ingredientes:

- 40 g de tofu sedoso
- 40 g de maíz en salmuera
- 2 huevos
- 2 hojas de lechuga roja
- 2 tomates cherry
- 2 cucharadas de leche
- 2 cucharadas de aceite
- 1 cucharada de maicena
- un manojo de cebolletas pequeñas
- Sol
- pimienta

preparación:

1. Lavar las verduras y escurrir el agua. Pon la lechuga y los tomates en un plato.
2. Retire el maíz de la salmuera y viértalo en un bol. Agregue el tofu y las cebolletas trituradas en trozos pequeños.
3. Luego vierta la leche, agregue la harina de maíz y agregue los huevos. Sazone al gusto con pimienta y sal y mezcle bien. Luego calienta el aceite en una sartén y ponle los ingredientes mezclados.
4. Freír todo hasta que se doren por ambos lados a fuego medio, luego retirar del fuego y agregar a los ingredientes en el plato.

65. Tortilla de ternera

Ingredientes:

- 200 g de carne molida
- 3 cucharadas de aceite
- 2 huevos
- 2 cucharadas de salsa de soja oscura
- 1 pimiento rojo
- 1 tomate
- 1 pepino verde
- 1 cebolleta
- 1/2 cucharadita de magos
- sal

- pimienta

preparación:

1. Lavar las verduras y escurrir el agua. Cortar el tomate en rodajas. Pela el pepino y córtalo también en rodajas.
2. Retire las semillas del pimiento y córtelo en cubos pequeños. Pelar las cebolletas y picarlas también.
3. Caliente el aceite en una sartén, agregue la carne molida, agregue la salsa de soja, sazone con pimienta, sal, magi, mezcle y fría hasta que la carne cambie de color.
4. A continuación, agregue el pimiento picado y las cebolletas y fría durante 2,5 minutos. Rompe los huevos en una cacerola, bátelos con un tenedor y luego viértelos en los ingredientes fritos.
5. Condimentar con especias al gusto, mezclar y freír hasta que los huevos estén completamente sólidos. Retire la comida terminada del fuego y colóquela en un plato. Luego agregue las rodajaspepino y tomate.

66. Tortilla con hígados de pollo

- Preparaciones 15min
- Tiempo de cocción 30 minutos

Ingredientes

- 6 huevos
- 150 g de hígados de pollo
- 2 chalotes
- 3 cucharadas de aceite de oliva
- 1 cucharadita de perejil picado, 1 cucharadita de cebollino picado, 1 cucharadita de estragón picado
- Sal pimienta

preparación

1. Pare y corte en 4 los hígados de pollo. Pelar y picar las chalotas.
2. Freír los hígados de pollo en aceite de oliva y cocinar de 3 a 4 minutos. Luego, resérvalos y remos las chalotas a fuego bastante suave. Mézclalos con los hígados y reserva.
3. Batir los huevos, salpimentarlos. Cocínelos en una tortilla descuidada. Repartir sobre los hígados de pollo y las hierbas.
4. Dobla la tortilla y deslízala sobre un plato para servir.

67. Tortilla de gambas y setas

- preparación hasta 30 minutos
- porciones 2

Ingredientes:

- 5 langostinos tigre
- 6 hongos
- 4 huevos
- 3 cucharadas de aceite
- 2 dientes de ajo
- 1 pimiento rojo
- 1 cucharada de harina
- 1 cucharada de leche
- col rizada para decoración

- sal
- pimienta

preparación:

1. Lavar las verduras y los champiñones y escurrirlos del agua. Retirar las membranas de las setas y cortarlas en rodajas finas. Retire las semillas del pimiento y córtelo en trozos. Limpia los camarones de las partes no comestibles.

2. Rompe los huevos en una cacerola, vierte la harina en ellos, vierte la leche y bate todo con un batidor. Pelar el ajo de la piel, picarlo finamente y freírlo en aceite caliente en una sartén. Agrega los camarones limpios y los champiñones picados al ajo glaseado, espolvorea con una pizca de sal y sofríe durante 2.5 minutos tapado a fuego medio.

3. Luego vierte los huevos batidos en los ingredientes fritos, sazona al gusto con una pizca de sal, mezcla bien y fríe hasta que los huevos estén listos. Luego retira todo del fuego y ponlo en un plato. Espolvorea el plato terminado con pimienta recién molida y decora con col rizada y pimentón picado.

68. Tortilla con omelet

Ingredientes:

- 15 g de rodajas Jamón ahumado
- 4 huevos
- 2 tortillas
- 2 cucharadas de harina de trigo
- 2 cucharadas de leche
- 2 cucharadas de kétchup picante
- 1 cebolla
- 1 cucharada de aceite
- 1 manojo de cebolletas

- 0.5 tazas de agua tibia
- sal
- pimienta

preparación:

1. Remojar los panqueques de tortilla con agua tibia, luego ponerlos en una sartén caliente sin grasa y freír durante 40 segundos por un lado. Retirar las frituras del fuego y poner en un plato. Lavar las cebolletas, escurrir el agua y cortarlas en trozos. Rompe los huevos en un bol, agrega el jamón picado en trozos pequeños. Vierta la harina, vierta la leche, luego sazone todo al gusto con pimienta y sal y bata bien con un batidor. Pelar la cebolla, cortarla en cubos pequeños y freír en aceite caliente en una sartén. Vierte los ingredientes batidos en la cebolla glaseada y sofríe hasta que cuaje (solo por un lado). Luego ponga todo en tortillas, vierta sobre el ketchup y espolvoree con cebollino picado.

70. Tortilla con salami y cebolla

- preparación: hasta 30 minutos
- porciones 2

Ingredientes:

- 15 g de salami
- 4 huevos
- 2 cucharadas de aceitunas negras en salmuera
- 2 cucharadas de harina de trigo
- 2 cucharadas de leche
- 2 cucharadas de aceite
- 1 cebolla
- 1 pepino verde de invernadero

- sal
- pimienta

preparación:

2. Lavar el pepino, escurrir el agua, cortar en rodajas finas, espolvorear con una pizca de sal y poner en un plato. Agregue las rodajas finasrequesón blanco. Casque los huevos en un bol, luego agregue la harina, la leche y bata bien con un tenedor. Pele la cebolla de la piel, córtela en rodajas finas, agregue a los huevos batidos con salami cortado en cubitos y luego mezcle todo. Calentar el aceite en una sartén y verter los ingredientes mezclados en una cuchara. Condimentar al gusto con pimienta y sal y freír primero por un lado, y cuando los huevos estén listos, voltear y freír por el otro lado hasta que estén dorados. Retirar la tortilla frita del fuego, enrollarla y agregar a los pepinos. Agrega las aceitunas escurridas del pepinillo.

71. Tortilla de ternera

- preparación hasta 30 minutos
- porciones 2

Ingredientes:

- 200 g de carne molida
- 3 cucharadas de aceite
- 2 huevos
- 2 cucharadas de salsa de soja oscura
- 1 pimiento rojo
- 1 tomate
- 1 pepino verde

- 1/2 cucharadita de Maggi
- sal
- pimienta

preparación:

1. Lavar las verduras y escurrir el agua. Cortar el tomate en rodajas. Pela el pepino y córtalo también en rodajas.

2. Retire las semillas del pimiento y córtelo en cubos pequeños. Pelar las cebolletas y picarlas también. Caliente el aceite en una sartén, agregue la carne molida, agregue la salsa de soja, sazone con pimienta, sal, Maggi, mezcle y fría hasta que la carne cambie de color.

3. A continuación, agregue el pimiento picado y las cebolletas y fría durante 2,5 minutos. Rompe los huevos en una cacerola, bátelos con un tenedor y luego viértelos en los ingredientes fritos.

4. Condimentar con especias al gusto, mezclar y freír hasta que los huevos estén completamente sólidos. Retire la comida terminada del fuego y colóquela en un plato. Luego agregue las rodajaspepino y tomate.

72. Tortilla con queso y brócoli

- preparación hasta 30 minutos
- porciones 2

Ingredientes:

- 6 tomates cherry
- 5 g de queso Gouda rallado
- 4 huevos
- 2 cucharadas de harina de trigo
- 2 cucharadas de leche
- 2 cucharadas de aceite
- 1 brócoli

- 1 cebolla morada
- col rizada para decoración
- sal
- pimienta

preparación:

1. Lavar las verduras y escurrir el agua. Divida el brócoli en floretes, vierta 1 litro de agua ligeramente salada, cocine hasta que esté suave y escurra.

2. Rompe los huevos en un bol. Luego vierta la harina en ellos, agregue el queso rallado, vierta la leche y mezcle todo bien con un batidor.

3. Pelar la cebolla de la piel, cortarla en dados y sofreír en aceite caliente en una sartén. Vierta los ingredientes mezclados en la cebolla glaseada, sazone con pimienta y sal al gusto, y luego agregue el brócoli previamente cocido.

4. Freír todo a fuego medio hasta los ingredientes estén completamente secos. Listo para sacar del fuego y poner en un plato. Decora todo con tomates cherry y col rizada.

73. Tortilla en pan con tocino y hierbas

Ingredientes:

- 20 g de tocino ahumado
- 6 rebanadas de pan duro
- 4 huevos
- 1 cucharada de harina de trigo
- 1 cucharadita de tomillo seco
- 1 cucharadita de mejorana
- 0.5 agua tibia
- sal
- pimienta

preparación:

1. Retirar la corteza del pan duro y humedecerlo con agua tibia en un bol. Colocar el pan remojado en un molde desmontable de 30 cm de diámetro.
2. Cortar el tocino en cubos pequeños y ponerlo en un bol. Vierta los huevos en el tocino picado, agregue la harina, la mejorana, el tomillo, sazone al gusto con una pizca de sal y pimienta y mezcle bien.
3. Los ingredientes mezclados vierten el molde con el pan y lo introducen en el horno precalentado a 170 grados. Hornee hasta que los huevos estén completamente cuajados, luego retire los moldes del horno y enfríe un poco.

74. tortilla de morillas y espinacas

- preparación hasta 30 minutos
- porciones 2

Ingredientes:

- 40 g de ajedrea fresca
- 4 cucharadas de mantequilla
- 3 huevos
- 2 cucharadas de leche
- 1 puñado de espinacas frescas
- 1 cebolla
- pimienta

- sal

preparación:

1. Limpiar a fondo las colmenillas, enjuagar con agua corriente y cortar en tiras largas. Luego derrita la mantequilla en una sartén y agregue los champiñones picados.

2. Cocine a fuego lento los champiñones, tapados, a fuego lento durante 20 minutos, revolviendo ocasionalmente. A continuación, agregue la cebolla pelada y picada y fría durante 1,5 minutos. Lavar las espinacas, escurrir el agua y agregar a los ingredientes. Cascar los huevos en una cacerola, mezclarlos con la leche, una pizca de sal y pimienta y verterlos en los ingredientes fritos.

3. Freír todo hasta que los huevos estén completamente densos. Luego retíralo del fuego y ponlo en un plato.

75. tortilla de gambas y setas

- preparación hasta 30 minutos
- porciones 2

Ingredientes:

- 5 langostinos tigre
- 6 hongos
- 4 huevos
- 3 cucharadas de aceite
- 2 dientes de ajo
- 1 pimiento rojo

- 1 cucharada de harina
- 1 cucharada de leche
- col rizada para decoración
- sal
- pimienta

preparación:

1. Lavar las verduras y los champiñones y escurrirlos del agua. Retirar las membranas de las setas y cortarlas en rodajas finas. Retire las semillas del pimiento y córtelo en trozos.

2. Limpia los camarones de las partes no comestibles. Luego, rompe los huevos en una cacerola, vierte la harina, vierte la leche y bate todo con un batidor.

3. Pelar el ajo de la piel, picarlo finamente y freírlo en aceite caliente en una sartén. Agrega los camarones limpios y los champiñones picados al ajo glaseado, espolvorea con una pizca de sal y sofríe durante 2.5 minutos tapado a fuego medio.

4. Luego vierte los huevos batidos en los ingredientes fritos, sazona al gusto con una

pizca de sal, mezcla bien y fríe hasta que los huevos estén listos.

5. Luego retira todo del fuego y ponlo en un plato. Espolvorea el plato terminado con pimienta recién molida y decora con col rizada y pimentón picado.

76. Tortilla marroquí

- Tiempo de cocción de 15 a 30 min.
- porciones 4

ingredientes

- 2 cucharadas de aceite de oliva
- 2 chalotas (finamente picadas)
- 4 tomates (medianos, sin hueso, cortados en cubitos)
- 1 cucharadita de Ras el-Hanout (mezcla de especias marroquíes)
- 8 huevos
- 2 cucharadas de cilantro (fresco, picado)

- sal marina
- Pimienta (del molino)

preparación

1. Primero, caliente el aceite de oliva en una sartén (con una plancha o mango de madera). Freír las chalotas, agregar tomates cortados en cubitos, sazonar con ras el-hanout, sal marina y pimienta.
2. Batir con cuidado los huevos en la sartén y freír en el horno a 180 ° C durante 8-10 minutos. Espolvorea la tortilla marroquí con cilantro recién picado y escamas de sal marina.

77. Tortilla de queso de cabra con albahaca

- Tiempo de cocción Menos de 5 min.
- Porciones 4

ingredientes

- 4 huevos)
- sal
- pimienta
- 200 g de queso (queso de cabra)
- 2 cucharadas de albahaca (picada)
- 60 g de mantequilla

preparación

2. Batir los huevos en un bol para la tortilla de queso de cabra, sazonar con sal y pimienta y batir todo bien. Cortar el queso de cabra en dados y mezclar con los huevos junto con la albahaca recién picada.

3. Caliente la mitad de la mantequilla en una sartén, vierta la mitad de la mezcla de huevo y mueva la sartén para distribuir la mezcla de manera uniforme. Reducir un poco el fuego. Deje que la tortilla se asiente lentamente, dóblela por la mitad y colóquela en un plato precalentado.

4. Prepara y sirve la segunda tortilla de queso de cabra de la misma forma.

78. Tortilla de ajos silvestres

- Tiempo de cocción de 5 a 15 min.
- Porciones: 4

ingredientes

- 1 puñado de ajo silvestre
- 2 tomates de carne
- 1/2 calabacín
- 8 huevos
- 80 g Emmentaler (u otro queso de montaña)
- 2 ramitas de tomillo
- 3 ramitas de perejil
- Manteca
- Aceite de colza

- sal
- Pimienta (recién molida)

preparación

1. Enjuague las hojas de ajo silvestre con agua fría, seque y pique finamente para la tortilla de ajo silvestre. Lavar los tomates y el calabacín y secarlos, quitar las raíces y los tallos del calabacín. Corta las verduras en cubos.

2. Calentar un poco de mantequilla y aceite de colza en una sartén, sofreír las verduras cortadas en cubitos y el ajo silvestre. Retirar de la zona de cocción.

3. Batir los huevos en un bol y sazonar con las hierbas finamente picadas, sal y pimienta. Ahora agregue el queso rallado grueso. Caliente el aceite en una sartén grande y vierta la mezcla de huevo. Dejar reposar un poco, colocar encima las verduras al vapor y doblar la tortilla. Dar la vuelta una vez, dividir en porciones y servir la tortilla de ajos silvestres en platos.

79. Tortilla de jamón y queso

ingredientes

- 1 huevo
- 1/2 cucharadita de harina
- 2 cucharadas de leche
- 50 g de Edam
- 1 loncha (s) de jamón (cortado en tiras finas)
- 1/4 de cucharadita de ají
- sal
- manteca
- 1/2 tomates
- 1 ramita (s) de perejil

preparación

1. Batir bien el huevo. Agregue el queso, la leche, la harina, el jamón y las especias y revuelva bien.
2. Vierta la mezcla de huevo en una sartén caliente y engrasada y déjela reposar. Coloque las rodajas de tomate encima y caliente por otros 1-2 minutos.
3. Adorne con perejil.

80. Tortilla casera

- Tiempo de cocción de 15 a 30 min.

ingredientes

- 3 huevos
- 1 cucharada de agua (tibia)
- 1 cucharada de harina (colmada)
- un poco de perejil (picado)
- 1 pizca de sal
- un poco de pimienta
- 2 cucharadas de cebolla (asada)
- 1 puñado de tocino (cortado)
- 5 rebanada (s) de queso (picante)

preparación

1. Para la tortilla casera, primero mezcle todos los ingredientes menos el queso.

2. Calentar un poco de aceite en una sartén (20 cm Ø) y verter la masa. Cubra y hornee la parte inferior hasta que se dore a fuego moderado. El lado superior debe estar firme antes de voltear.

3. Después de darle la vuelta, córtelo por la mitad, cubra un lado con queso y deje que el queso se derrita. Deje que la parte inferior se vuelva marrón nuevamente. Luego, doble ambas mitades de la tortilla casera.

81. Tortilla de patatas con queso

- Tiempo de cocción de 15 a 30 min.
- porciones 4

ingredientes

- 1 kg de patatas
- 2 cebollas (picadas)
- 50-100 g de tocino cortado en cubitos
- 50-100 g de gouda (cortado en cubos pequeños o rallado)
- manteca
- 6 huevos
- sal

- pimienta

preparación

1. Para la tortilla de patatas, cuece las patatas unos 20 minutos, pélalas y córtalas en rodajas.
2. Freír las cebollas y el tocino picado en un poco de mantequilla, añadir las patatas y freír hasta que estén crujientes.
3. Mezclar los huevos con un poco de sal y pimienta, incorporar los dados de queso y verter esta mezcla sobre las patatas. Freír hasta que la mezcla se espese.
4. Saque la tortilla de papas terminada de la sartén, decore con perejil si es necesario y sirva.

82. tortilla con rebozuelos

ingredientes

- 2 tallos de cebolletas
- 2 uds. Cebollas
- 2 cucharadas de mantequilla
- 100 g de jamón (cocido)
- 400 g de rebozuelos (frescos)
- Jugo de limon)
- sal
- pimienta
- 1 pizca de nuez moscada
- 2 manojos de perejil (picado)

Para las tortillas:

- 8 huevos

- 500 ml de leche
- manteca
- 2 manojo de cebolletas (cortadas)

preparación

1. Para la tortilla con rebozuelos, limpie las cebolletas con las hojas verdes y córtelas en tiras.
2. Pelar la cebolla y cortarla en cubos finos. Cocine al vapor las cebolletas y las cebollas en la mantequilla hasta que estén transparentes. Agrega el jamón cortado en tiras o cubos pequeños a las cebollas.
3. Limpiar los rebozuelos y cortarlos en trozos pequeños según sea necesario. Rocíe con un poco de jugo de limón y agregue al jamón. Condimentar con sal, pimienta y nuez moscada y seguir friendo.
4. Al final del tiempo de cocción, volver a condimentar abundantemente, incorporar el perejil y tenerlo listo.
5. Para las tortillas, bata los huevos con la leche.
6. Hornea las tortillas en porciones. Para ello, sofreír brevemente la mezcla de 2 huevos

cada uno en mantequilla y luego dejar reposar durante 1-2 minutos con la tapa cerrada.

7. Cubrir con la mezcla de rebozuelos, batir y espolvorear con cebollino y llevar a la mesa.

83. tortilla con camarones

ingredientes

- 4 huevos
- 1/2 barra (s) de puerro
- 1 manojo de cebolletas
- 250 g de camarones
- sal
- 1 cucharada de jugo de limón
- 1 diente (s) de ajo
- pimienta

preparación

1. Para la tortilla con camarones, corta el puerro en trozos pequeños.

2. Batir los huevos, añadir el puerro, sal y pimienta. Calentar un poco de mantequilla en una sartén y agregar la mezcla de huevo batido.

3. Déjelo reposar durante unos 3 minutos, luego dé vuelta la tortilla brevemente y déjela cocinar.

4. Calentar un poco de mantequilla en una sartén aparte.

5. Picamos el ajo y lo sofreímos brevemente con las gambas. Condimente con jugo de limón, sal y pimienta y sirva la tortilla con camarones.

84. Omelet filled with feta

- Preparación: 40 min
- porciones 2

ingredientes

- 1 chalota
- 4 huevos
- sal
- pimienta del molinillo
- 4 cucharadas de queso crema fresca
- 2 cucharaditas de mostaza
- 2 cucharaditas de jugo de limón
- 2 cucharadas de albahaca finamente picada

- 2 cucharadas de mantequilla
- 100 gramos
- feta
- albahaca

Pasos de preparación

6. Pelar y picar finamente la chalota. Huevos separados. Batir las claras con una pizca de sal hasta que estén firmes. Batir las yemas de huevo con 2 cucharadas de crema fresca, mostaza, jugo de limón y la albahaca finamente picada. Sazone con sal y pimienta, agregue las claras de huevo sin apretar.

7. Derretir la mitad de la mantequilla en una sartén antiadherente. Agrega la mitad de la chalota y sofríe. Agregue la mitad de la mezcla de tortilla y cocine durante 6-8 minutos hasta que la parte inferior esté dorada y la superficie se espese mientras cubre la sartén. Luego retire la sartén de la estufa.

8. Unte 1 cucharada de crema fresca sobre la tortilla y cubra con la mitad del queso feta desmenuzado, sazone con sal y pimienta y doble la tortilla con la ayuda de una espátula.

9. Hornee la segunda tortilla de la misma manera (posiblemente en una segunda sartén).

10. Coloque las tortillas en platos y sírvalas adornadas con albahaca.

85. tortilla con fruta

- preparación: hasta 30 minutos
- porciones 2

Ingredientes:

- 6 huevos
- 1 cucharadita de harina de trigo
- 0.5 tazas de leche 2%
- sal
- un manojo de cebolletas

FRUTA:

- 6 plátanos
- 1 taza de arándanos

preparación:

3. Lave los plátanos y las bayas y escurra del agua. Retirar los extremos de los plátanos, pelarlos, cortar la pulpa en rodajas finas y poner en un plato.

Prepara una tortilla:

4. Rompe los huevos en una taza, vierte la leche en ellos, agrega la harina, una pizca de sal y cebollino finamente picado. Mezclar todo bien con un tenedor, luego verterlo en una sartén caliente sin grasa y freír a fuego medio hasta que los huevos estén completamente cuajados. Luego retira del fuego y agrega a los plátanos en el plato. Espolvorea todo con arándanos.

86. Tortilla de espaguetis

Ingredientes

- 5 huevos
- 150 g de espaguetis
- 30 g de parmesano (recién rallado)
- 30 g de mantequilla
- 1 pizca de nuez moscada (rallada)
- Sal marina
- Pimienta

Preparación

1. Cocine y cuele los espaguetis según el paquete según se requiera.

2. Batir los huevos en un bol. Agregue el parmesano y sazone con sal, pimienta y una pizca de nuez moscada.
3. Mezcle los espaguetis cocidos y revuelva bien.
4. Freír la mitad de la mantequilla en una sartén y freír la mezcla de pasta a fuego dorado sin revolver.
5. Derrita la mantequilla restante encima de la tortilla. Dar la vuelta a la tortilla y freír por el otro lado hasta que esté crujiente.
6. Divida y sirva caliente.

87. Tortilla de hierbas

Ingredientes

- 12 huevos
- 12 cucharadas de hierbas (de su elección, lavadas, finamente picadas)
- 6 cucharadas de mantequilla
- 1 cucharada de harina
- 1/8 l de leche
- sal
- pimienta
- 2 cucharadas de parmesano (u otro queso duro al gusto)

Preparación

1. Primero, derrita la mantequilla en una sartén para la tortilla de hierbas y cocine suavemente las hierbas a fuego lento. Atención: ¡Las hierbas no deben dorarse en absoluto!

2. Mientras tanto, revuelva los huevos con sal, pimienta, parmesano, harina y leche en una masa líquida para panqueques. Vierta con cuidado sobre las hierbas, revuelva bien. Cuando se haya formado una costra firme en la parte inferior, voltee la masa y hornee. (Agrega un poco de mantequilla al gusto, para que el otro lado también quede crujiente).

3. Disponga y sirva la tortilla de hierbas en platos.

88. Tortillas frescas de la huerta

Ingredientes

- 1 ⅓ tazas de tomates picados en trozos grandes, escurrir
- 1 taza de pepino deshuesado y picado
- Medio aguacate maduro, cortado a la mitad, sin semillas, pelado y picado
- ½ taza de cebolla morada picada en trozos grandes (1 mediana)
- 1 diente de ajo picado
- Cortar 2 cucharadas de perejil fresco
- 2 cucharadas de vinagre de vino tinto
- 1 cucharada de aceite de oliva

- 2 huevos
- $1\frac{1}{2}$ tazas de producto de huevo refrigerado o congelado, descongelado
- $\frac{1}{4}$ taza de agua
- 1 cucharada de orégano fresco en rodajas o 1 cucharadita de orégano seco, triturado
- $\frac{1}{4}$ de cucharadita de sal
- $\frac{1}{4}$ de cucharadita de pimienta negra molida
- $\frac{1}{8}$ cucharadita de pimiento rojo triturado
- $\frac{1}{4}$ de taza de queso feta desmenuzado y reducido en grasa

Preparación

1. Para la salsa, mezcle los tomates, el pepino, el aguacate, la cebolla, el ajo, el perejil, el vinagre y 1 cucharadita de aceite en un tazón mediano.

2. Batir los huevos, el producto de huevo, el agua, el orégano, la sal y la pimienta negra en un tazón mediano y triturar el pimiento rojo. Para cada tortilla, caliente 1/2 cucharadita del aceite restante a fuego medio en una sartén antiadherente de 8 pulgadas. Sartén con 1/2 taza de la mezcla de huevo. Revuelve los huevos con una espátula hasta que la mezcla parezca trozos de huevo fritos rodeados de líquido. Deja de revolver, pero

continúa cocinando hasta que cuaje el huevo. 1/3 taza de salsa cucharada sobre un lado de la mezcla de huevo frito. Retire la tortilla de la sartén; doblar el sobrellenado. Repita para hacer un total de cuatro tortillas.

3. Sirva por tortilla con un cuarto de la salsa sobrante. Espolvoree 1 cucharada de queso feta con cada tortilla.

89. Tostada de aguacate y tortilla

Ingrediente

- 1 aguacate mediano maduro
- 2 cucharadas de jugo de lima, o sabor
- 1-2 cebolletas frescas finamente picadas
- 3/4 cucharadita de sal kosher o sabor
- 3/4 cucharadita de pimienta negra recién molida, sabor
- Pan de dos rebanadas estilo artesano (el pan grueso es más eficaz y, a veces, se le llama "tostada de Texas" o "tostada francesa")
- 2 cucharadas de mantequilla sin sal
- 2 huevos grandes

- Saborea sal y pimienta negra recién molida.

Direcciones

1. Agregue el aguacate, el jugo de lima, las cebolletas, la sal kosher, la pimienta negra recién molida, triture el aguacate con un tenedor y mezcle con un tenedor en un tazón mediano; dejar de lado.
2. Corte un círculo de 2.5 a 3 "con un cortador de galletas o un vaso del medio de cada rebanada de pan.
3. Coloque la mantequilla y cocine a fuego medio-bajo para que se derrita en una sartén antiadherente grande.
4. Coloque el huevo, las rondas de huevo y cocine por el primer lado hasta que estén doradas, alrededor de 1 a 2 minutos.
5. Déle la vuelta, rompa un huevo en cada hoyo de pan y sazone los huevos con sal y pimienta.
6. Cubra la sartén y cocine de 3 a 6 minutos hasta que se necesiten los huevos. Cocine las rondas de pan más rápido que los huevos (en alrededor de 1 a 2 minutos); retírelos de la sartén tan pronto como estén dorados y

colóquelos en una fuente. Coloca el huevo en un agujero y ponlo en el plato.

7. Extienda la mezcla de aguacate uniformemente sobre rondas de pan y huevo y sirva de inmediato. La receta es más fresca y más fuerte.

90. Tortilla de calabacín con hierbas

ingredientes

- 300 g de colinabo pequeño (1 colinabo pequeño)
- 1 cucharada de vinagre de sidra de manzana
- 1 cucharadita de aceite de nuez
- 2 huevos
- sal
- 125 g de calabacín (0,5 calabacines)
- 1 tallo de eneldo
- 1 tallo de perejil
- 1 mapa. tomillo seco
- pimienta
- 100 g de tomates cherry

- 2 cucharaditas de aceite de oliva
- 15 g de piñones (1 cucharada)
- 10 g de queso parmesano cepillado (1 cucharada; 30% de grasa en materia seca)

Pasos de preparación

1. Limpiar, lavar, pelar el colinabo, cortar en rodajas muy finas, mezclar y reservar con vinagre y aceite de nueces.
2. Mientras tanto, bata, sal y bata los huevos en un bol. Limpiar el calabacín, lavar y cortar en rodajas finas. Lave el perejil y el eneldo, y agite para secar. Picar el perejil y la mitad del eneldo, aplicar el tomillo y la pimienta a los huevos y sazonar.
3. Lave los tomates con cereza. Calentar una cucharadita de aceite en una cacerola. Agregue los tomates cherry y dore a fuego medio durante 4 minutos. Retirar y reservar de la sartén.
4. Pon las rodajas de calabacín en la sartén y sofríe a fuego medio durante 4 minutos. Vierta la mezcla de huevos y deje enfriar durante 4-5 minutos.

5. Dobla la tortilla, coloca el colinabo marinado ondulado en un plato y colócalo al lado. Agrega los tomates y espolvorea sobre la tortilla con los piñones, el parmesano y el resto del eneldo.

91. Pan integral con tortilla y frijoles horneados

ingredientes

- 400 g de frijoles horneados (enlatados)
- 3 tallos de perejil
- 6 huevos
- sal
- pimienta
- 2 cucharadas de mantequilla
- 200 g de pepino
- 4to tomates
- 4 rebanadas de pan integral

Pasos de preparación

1. Pon los frijoles horneados en una cacerola y calienta a fuego medio.
2. Mientras tanto, lavar el perejil, agitar, secar, picar finamente y batir junto con los huevos, la sal y la pimienta.
3. Calentar la mantequilla en una sartén rebozada. Agrega los huevos y déjalos cocer a fuego medio.
4. Limpiar, lavar y cortar el pepino en rodajas finas. Limpiar, lavar y cortar los tomates. Acomodar el pan con frijoles horneados, tortilla, pepino y tomate.

92. Tortilla de espárragos y jamón con patatas y perejil

ingredientes

- 200 g de patatas nuevas
- sal
- 150 g de espárragos blancos
- 1 cebolla
- 50 g de bresaola (jamón de ternera italiano)
- 2 tallos de perejil
- 3 huevos
- 1 cucharada de aceite de colza
- pimienta

Pasos de preparación

1. Lava bien las patatas. Cocine en agua hirviendo con sal durante aprox. 20 minutos, escurrir y dejar enfriar. Mientras se cocinan las patatas, pelar los espárragos, cortar los extremos leñosos inferiores. Cocine los espárragos en agua con sal durante unos 15 minutos, sáquelos del agua, escurra bien y deje enfriar. Pelar la cebolla y picar finamente.
2. Cortar los espárragos y las patatas en trozos pequeños.
3. Corta la bresaola en tiras.
4. Lavar el perejil, agitar para secar, arrancar las hojas y picar. Batir los huevos en un bol y batir con el perejil picado.
5. Calienta el aceite en una sartén rebozada y sofríe los cubos de cebolla hasta que estén a fuego medio-alto hasta que estén transparentes.
6. Agregue las papas y continúe asando por 2 minutos.
7. Agrega los espárragos y sofríe por 1 minuto.
8. Agrega la bresaola y sazona todo con sal y pimienta.

9. Ponga los huevos en la sartén y cubra y cocine a fuego lento durante 5-6 minutos a fuego lento. Salga de la sartén y sirva inmediatamente.

93. Tortilla de queso de cabra con rúcula y tomates

- Preparación: 15 minutos

ingredientes

- 4 proteína (s)
- 2 huevos
- 1 puñado pequeño de rúcula
- 2 tomates
- 1 cucharadita de aceite de oliva
- sal
- pimienta
- 50 g de queso de cabra joven

Pasos de preparación

1. Separe 4 huevos y ponga las claras en un bol (use yemas de huevo en otro lugar). Agrega los 2 huevos restantes y bate todo con un batidor de varillas.
2. Lave la rúcula, déjela secar y píquela en trozos grandes con un cuchillo grande.
3. Lavar los tomates, cortar los extremos del tallo en forma de cuña y cortar los tomates en rodajas.
4. Calentar una sartén rebozada (24 cm) y untar con el aceite.
5. Agrega la mezcla de huevo batido. Condimentar con sal y pimienta.
6. Hornee un poco a fuego medio (el huevo aún debe estar un poco líquido) y voltee con un plato.
7. Desmenuza el queso de cabra sobre la tortilla con los dedos. Poner la tortilla en un plato, cubrir con rodajas de tomate y espolvorear la rúcula. Las tostadas integrales van bien con esto.

94. Tortilla de queso con hierbas

- Preparación: 5 min
- cocinar en 20 min

ingredientes

- Perifollo de 3 tallos
- 3 tallos de albahaca
- 20 g de parmesano
- 1 chalota
- 8 huevos
- 2 cucharadas de queso crema fresca
- 1 cucharada de mantequilla
- 150 g de queso de oveja
- sal

- pimienta

Pasos de preparación

1. Lavar el perifollo y la albahaca, agitar para secar y picar en trozos grandes. Ralla el parmesano. Pelar y picar finamente la chalota. Batir los huevos con la crema fresca, el parmesano, el perifollo y la mitad de la albahaca.

2. Derretir la mantequilla en una sartén para horno, freír la chalota, verter los huevos y triturar el queso feta. Hornee en horno precalentado a 200 ° C (convección 180 ° C, gas: nivel 3) durante unos 10 minutos hasta que esté dorado.

3. Retirar del horno, sazonar con sal y pimienta, espolvorear con la albahaca restante y disfrutar.

95. Tortilla de atún

ingredientes
- 1 chorrito de leche
- 0.5 lata (s) de atún
- 0.5 cebollas (pequeñas)
- un poco de albahaca
- un poco de orégano
- algo de sal

preparación
1. Batir los huevos con un chorrito de leche para la tortilla de atún y sazonar con sal y pimienta. Calentar el aceite en una sartén y agregar la mezcla de huevo.

2. Déjelo reposar unos minutos. Luego esparce el atún y los aros de cebolla por encima. Finalmente espolvorear un poco de albahaca y orégano por encima.

96. Tortilla con pastel de carne

ingredientes

- 3 cucharadas de queso (rallado)
- 1 rebanada (s) de pastel de carne
- 1 cebolla (pequeña)
- sal
- cebollín
- Aceite para freír)

preparación

1. Para la tortilla con pastel de carne, primero rompa los huevos y bata. A continuación,

corte el pastel de carne en trozos pequeños. Finalmente, corta la cebolla en tiras finas.

2. Calentar el aceite en una sartén y freír el pastel de carne. Vierta los huevos encima y déjelo reposar un poco. Esparcir el queso rallado, poner las tiras de cebolla y terminar de freír.

3. Sazone con sal y pimienta y espolvoree con cebollino.

97. Tortilla saludable

ingredientes

- 4 huevos
- 1 tomate
- 1 cebolla (pequeña)
- 1 diente (s) de ajo (pequeño)
- Hierbas (frescas, albahaca o cebollino)
- Especia de pimentón
- sal
- Pimienta (molinillo de anuncios)

preparación

1. Mezclar los huevos en un bol y agregar las hierbas picadas, un poco de pimentón, sal y pimienta para la tortilla.

2. Cortar el tomate y la cebolla en dados. Ahora sofreír las cebollas con aceite o mantequilla hasta que estén traslúcidas. Luego agregue los tomates y el ajo y continúe friendo brevemente.

3. Luego agregue el contenido de la sartén a los huevos en el bol y mezcle todo. Freír la mitad a fuego medio para hacer una tortilla.

4. Cuando la tortilla esté frita por un lado (y volteada), puede espolvorear un poco de queso si lo desea y luego doblar la tortilla.

5. Luego haz lo mismo con el resto de la masa. Por último, disponer y servir la tortilla.

98. Tortilla de pizza

ingredientes

Para la tortilla:

- 3 huevos (orgánicos, m)
- 1 chupito de agua mineral
- 1 chupito de leche (orgánica)
- 1/2 cucharadita de sal
- Pimienta (del molino)
- 1 cucharadita de mantequilla (orgánica)

Para cubrir:

- Tomates de 1 pieza (orgánicos)
- 50 g de queso feta (orgánico)
- 1/2 mozzarella (orgánica)
- albahaca

- Hierbas (a voluntad)

preparación

1. Cortar los tomates y la mozzarella en rodajas, desmenuzar ligeramente el queso feta, cortar la albahaca en tiras. Pica las hierbas frescas. Batir todos los ingredientes para la tortilla.

2. Calentar la mantequilla en una sartén más pequeña, verter la mezcla de huevo y dejar reposar. Cuando la mezcla de huevo se haya endurecido, dale la vuelta con cuidado y sofríe brevemente por el otro lado.

3. Precaliente el horno a aprox. 200 ° C de calor superior / inferior. Coloque la tortilla terminada en una bandeja para hornear forrada con papel de hornear.

4. Cubra la tortilla con los ingredientes restantes y hornee por unos 10 minutos hasta que el queso se derrita.

5. Organizar y servir la tortilla de pizza.

99. Tortilla de manzana y tocino

- Tiempo de cocción de 5 a 15 minutos.
- Porciones: 2

ingredientes

- 6 huevos
- 70 ml de nata montada
- sal
- chile
- 1 cucharadita de cebollino
- 1 manzana
- 150 g de tocino

preparación

1. Para la tortilla de manzana y tocino, sofreír las rodajas. tocino en una sartén, luego retirar de la sartén y reservar.

2. Retirar el corazón de la manzana y cortar en aros aprox. 4 mm de espesor. También freír en la sartén.

3. Mezclar los huevos con la nata montada y las especias intermedias. Vuelva a poner las manzanas y el tocino en la sartén, vierta la mezcla de huevo sobre ella y déjela reposar a fuego medio con la tapa cerrada.

4. Sazone con pimienta recién rallada.

100. Tortilla vegana

- Tiempo de cocción de 5 a 15 min.
- Porciones: 2

ingredientes

- 1 cebolla
- 400 g de tofu
- Verduras (al gusto)

preparación

1. Para la tortilla vegana, corta la cebolla en trozos pequeños y sofríe en aceite. Freír verduras (tomates, pimientos, champiñones, etc.).

2. Haga puré el tofu con una pizca de primo de soja o agua, sal, pimienta o cúrcuma. Doble el tofu en puré, dórelo y sirva la tortilla vegana con brotes frescos.

CONCLUSIÓN

Recuerde que estas recetas son únicas, así que prepárese para probar algunas cosas nuevas. Además, tenga en cuenta que el estilo de cocina utilizado en este libro de cocina es simple. Entonces, aunque las recetas serán únicas y deliciosas, ¡serán fáciles de hacer!

www.ingramcontent.com/pod-product-compliance
Ingram Content Group UK Ltd.
Pitfield, Milton Keynes, MK11 3LW, UK
UKHW041844141224
452457UK00012B/663